성공적인 취업전략과 직장예절

김 보 경

지식과교양

대학졸업자의 취업난이 심각한 사회문제로 등장하면서, 최근 대학가에서도 합격한 입사서류나 면접답변에 대한 관심이 높아지고 있다. 하지만 이는 누군가의 합격한 예시일 뿐, 본인의 것으로 소화시키기는 어렵다. 모든 기업에 합격할 자기소개서, 모든 면접관이 만족할 면접답변은 이 세상에 없기 때문이다. 한마디로 취업 준비에 정답은 없다. 취업 준비에 정답은 없지만 기본 원리를 파악해서 '오답'을 피하고 '정답'으로 가는 길을 안내하기 위한 방법을 제시하고자 한다.

특히 요즘은 면접을 통해 전문 지식과 프로젝트 수행 능력을 많이 보고 있어서 기본에 충실해야 한다. 과연 이 '기본'은 무엇인가?

합격한 면접답변을 따라하는 게 아니라, 질문의 의도를 파악하여 면접관이 듣고 싶어 하는 대답을 하는 것이다. 자신이 말하고 싶은 것과, 면접관이 듣고 싶은 내용이 일치할 때 바로 '정답'이 완성되는 것이다.

면접의 중요성이 높다고 해서, 입사서류를 소홀히 할 수는 없다. 서류전형을 통과해야 면접에서 실력발휘를 할 수 있다. 이 책의 1부 〈실전 취업 전략〉에서는 자기분석을 통한 맞춤형 인재로 거듭나기, 자신을 돋보이게 만들 이력서, 면접관의 시선을 끌 자기소개서, 면접상황에서의 자세, 면접 답변 준비하기를 다룬다. 2부 〈스피치 커뮤니케이션〉에서는 면접상황 뿐만 아니라 실제 생활에서도 도움이 될 정확한 발음·발성과 상대에게 호감을 주는 대화법을 알아보도록 한다. 3부 〈비즈니스 매너〉에서는 취업 후 대인관계를 할 때 도움이 될 기본적인 직장예절을 다룬다.

취업과 관련된 책에서 비즈니스 매너와 대화법을 익히는 이유는, 면접관들이 최종면접에서 인간적으로 잘 다듬어진 사람, 이미 만들어진 사람을 선택하기 때문이다. 회사는 업무도 능숙하고, 대인관계도 잘 하는 사람을 찾고 있다. 일단 입사하고 보자는 마음가짐보다 이 회사에서 믿음 가는 직원으로 보이도록 말 한마디, 행동 하나에도 신경 써야 한다.

이 책은 취업을 준비하는 대학생들, 취업교육을 담당하는 선생님들을 위한 기초지침서로 취업전략, 스피치, 비즈니스 매너의 3가지 중 특정 분야만을 강조하지 않고 세부 분야의 비중을 고루 배정하는 데 중점을 두었다.

빠르게 변화하는 취업시장에 능동적으로 대처하고자 하는 대학생들의 요구와 실질적인 직무수행 능력을 갖춘 전문인을 원하는 사회의 요구에 부응하는 책이 될 수 있기를 바란다. 특히, 이 책을 읽는 취업 준비생들이 자신이 바라는 곳에 취업할 수 있기를 바란다.

실전 취업 전략

성공적인 취업전략과
직장예절

실전 **취업 전략**

제1장 _ 자기분석

:: 자신을 파악하기

내가 하고 싶은 일은 무엇인가?
내가 해야 하는 일은 무엇인가?

이 둘은 분명 차이가 있다. 흔히 '하고 싶은 일'과 '해야 하는 일'이 같은 사람이 가장 행복한 사람이라고 한다. 자신이 원하기도 하고 해야 하는 일이 일치하면 아무 문제가 없겠지만, 우리는 현실에서 타협해야 한다. 가장 좋은 방법은 이 둘의 차이를 줄여나가는 것이다.

먼저 내가 '하고 싶은 일'을 파악하기 위해서는 '나는 어떤 사람인가?'

를 진지하게 생각해야 한다. 다음 제시하는 1단계부터 2단계, 3단계를 순서대로 써보면, 복잡한 생각이 정리되고 윤곽이 드러나게 된다.

1단계에서는 자신을 파악하고, 2단계는 원하는 직업의 특징을 알아보고, 3단계에서는 이 직업과 자신을 연결시키는 작업을 한다. 이 단계들은 자기소개서나 예상면접질문과도 연관되어 있기 때문에, 하나도 빠짐없이 다 작성하자. 〈1단계 - 본인 파악〉, 〈2단계 - 직업 파악〉, 〈3단계 - 직업과의 연관성 만들기〉를 통해 취업준비의 첫 단추를 꿰매어 보자.

〈1단계 - 본인 파악〉

자신의 별명이나 특징 + 그 이유
자신의 성격 중 장점 3가지
자신의 성격 중 단점 3가지

| 1년 뒤 나의 모습은? |
| 5년 뒤 나의 모습은? |

〈2단계 - 직업 파악〉

| 내가 하고 싶은 일은 무엇인가? |
| ○○○는 무슨 일을 하는 사람인가? |
| ○○○라는 직업의 장점은? |
| ○○○라는 직업의 단점은? |

이 직업을 가진 사람들의 특징이나 이미지는 무엇인가?

〈3단계 - 직업과의 연관성 만들기〉

왜 ○○○가 되기로 결심했나?
○○○은 어떤 능력이 필요하다고 생각하나?
○○○라는 직업과 본인의 성격이 맞다고 생각하나? 그 이유는?
이 직업의 가진 사람들과 본인의 이미지를 비교하면 어떠한가?(공통점/차이점)

○○○가 되기 위해서는 어떠한 준비를 해야 하나?
○○○가 되기 위해 준비하는 사람들과 본인을 비교하면 어느 정도라 생각하나?
○○○가 되기 위해 본인이 가장 노력해야 할 부분은 무엇인가? 내가 보완해야 할 부분은?
어떤 ○○○가 되고 싶나?
이 일을 통해 무엇을 달성하고 싶은가?

<1단계 - 본인 파악> 부분은 자기소개서와도 밀접한 영향이 있다. 자신의 별명이나 특징은 [성장과정]과, 성격은 [성격의 장단점], 미래 나의 모습은 [포부]와 연관이 있다. 처음 작업을 할 때 구체적인 내용과 예를 많이 들어서 자기소개서에 골라 쓸 수 있도록 해보자.

진로를 선택했다면, 어떤 방법으로 취업 자료를 구할 수 있는지를 생각해야 한다. 취업정보 수집은 대학 내 부속기관인 취업경력개발센터나 취업행사, 인터넷을 통해 얻을 수 있다. 인터넷에서 구인정보를 확인했어도, 꼭 해당기업의 홈페이지에 접속해 정보를 수집해야 한다.

구직관계는 기업검색 & 선정 → 서류작성 & 제출 → 1차 접촉 → 면접 전 → 면접 → 합격통보의 순서로 이루어진다. 이 순서로 한 번만에 취업이 되면 좋겠지만, 많은 취업준비생들이 면접까지 가지도 못하고 서류전형에서 패배를 맛보는 경우가 허다하다.

아무리 면접에 자신이 있고 회사에 들어가서 일을 잘 할 자신이 있다고 해도 서류전형에 통과하지 못하면 실력 발휘를 할 기회조차 없는 것이다.

대부분 기업들이 필기시험을 폐지하고 있어서 면접전형 전인 서류전형은 채용절차에서 중요성이 매우 높아졌다. 인사담당자들은 입사서류를 보고 면접대상자를 선택하기 때문에 지원할 때 신중을 기해 작성해야 한다. 자격증이나 영어성적 등 입사하는데 충분한 실력을 갖추고도 서류전형에서의 실수로 탈락의 고배를 마시는 경우가 많다. 공부도 예습이 중요하듯이, 취업에서도 예습을 해야 빨리 목적달성을 할 수 있다는 것을 기억하자.

:: 지원회사에 대해 공부하기

지금 가고 싶은 회사가 있는가?
어떤 회사에 입사하고 싶은가?

지원하고자 하는 회사를 정하고 몇 개월 전부터 고심해서 쓴 입사서류와, 채용공고가 난 후 며칠 동안 급하게 준비해서 쓴 입사서류는 차이가 날 수밖에 없다. 지원자의 의지가 글 속에서 확연히 드러나기 때문이다. 그리고 공채는 한꺼번에 몰리는 경우가 많아서 공고 후에 준비하다보면 시간이 부족해서 내용에 충실할 수가 없다.

지원회사에 대해 미리 정보를 알아보는 것은 어렵지 않다. 먼저 ① 목표기업, ② 희망직무, ③ 설립일, ④ 대표자명, ⑤ 주소, ⑥ 회사 슬로건, ⑦ 인재상, ⑧ 입사전형, ⑨ 자기소개서 양식이나 면접질문 등으로 나눈다. 이러한 정보는 지원회사 홈페이지나 취업관련 사이트에서 확인할 수 있다. 가고 싶은 회사에 대한 정보를 A4용지 1장으로 요약한 다음, 파일로 만들어 지원하고 싶은 회사 정보를 익혀 둔다.

이런 식으로 사전에 준비해 둔다면, 여유 있게 회사 형식에 맞춰 자기소개서를 준비할 수도 있고, 지원회사의 인재상에 맞는 경력이나 경험을 쌓는 준비를 할 수도 있다. 공고가 나서 서류를 쓰는 게 아니라, 서류를 준비하고 나서 공고를 기다리는 전략이 필요하다. 요약으로 1장이지만, 하나하나 세부적으로 들어가다 보면 점점 양이 늘어날 것이다.

다음은 몇몇 기업을 분석해본 것이다.

<기업 분석 예1>

목표기업	포스코건설	희망직무	기술직(도시개발/건축)
업무	종합건설	대표자명	정동화
설립일	1982. 2. 2	사원수	3074명
매출액	6조 6757억 1100만원	연봉	신입 4200만원 (2009년 기준)
주소	경북 포항시 남구 괴동동 568-1	홈페이지	http://www.poscoenc.com

포스코건설 경영철학

◎ 현장중시경영 - 품질 / 안전 / 환경

◎ 창조인 - 혁신 / 문화 / 인재와 기술

◎ 실행인 - 윤리 / 상생 / 나눔

포스코그룹 인재상

◎ Speciality(전문성)- 나는 맡은 분야에서 최고의 전문지식을 갖춘다.

◎ Morality(도덕성) - 나는 바른 마음자세로 윤리경영을 적극 실천한다.

◎ Activeness(적극성) - 나는 긍정적 사고와 진취적 태도로 업무를 수행한다.

◎ Revolution(혁신) - 나는 끊임없이 변화와 혁신을 추구한다.

◎ Top Performance(최고성과) - 나는 최고의 품질과 가치를 고객에게 제공한다.

지원이유 : 가치투자 / 장기투자를 하는 것으로 유명한 워렌 버핏이 인정한 포스코는 앞으로의 성장이 더욱 기대되는 기업이다. 개인적으로 삼성, LG보다 오히려 한국을 대표할 수 있는 기업이라고 생각하며, 전공인 도시공학을 활용하여 인천 송도 및 해외 도시, 기타 도시개발 부문에서 친환경적이고 친인간적인 도시를 계획하는데 일조하고 싶습니다.

2010년 포스코건설 신입사원 자기소개서 항목

1. 생활신조/성장과정

2. 장/단점

3. 자기계발

4. 입사후포부

입사절차

1차 전형(서류전형)

⇓

2차 전형(직무역량)

 - 인적성검사 : 대인관계능력, 사회성, 업무수행태도 등 개별인성을 파악하는 과정

 - 직무역량평가 : 회사 직무수행을 위한 기초능력을 평가하는 단계로 AP, GD, ST 3가지로 구성

 ·AP(Analysis Presentation) : 문제의 분석, 발표를 통해 개인 단독업무 역량 평가

 ·GD(Group Discussion) : 일정한 주제에 대해 집단토론을 실시, 조직적 업무수행능력 평가

 ·ST(Specialty Test) : 지원자 개인 기본 자력과 전문성을 평가, 전문위원과의 면접형태

 ⇓

3차 전형(최종면접)

<기업 분석 예2>

<table>
<tr><td colspan="4" align="center">(주)대우건설</td></tr>
<tr><td>목표기업</td><td>대우건설 (토목시공부문)</td><td>CEO</td><td>서종욱</td></tr>
<tr><td>업무</td><td>토목, 건축, 플랜트, 주택, 해외</td><td>사원수</td><td>4,811명</td></tr>
<tr><td>창립</td><td>1973년</td><td>매출액</td><td>7조 973억 8700만원</td></tr>
<tr><td>주식상장</td><td>2000년 12월 27일</td><td>연봉</td><td>3700만원(사원)</td></tr>
<tr><td>기업형태</td><td>거래소상장, 외국인투자, 수출입</td><td>홈페이지</td><td>http://www.dwconst.co.kr</td></tr>
<tr><td>슬로건</td><td colspan="3">당신이 상상하고 대우건설이 짓습니다. (E&C Champion)</td></tr>
<tr><td>인재상</td><td colspan="3">기술과 인재로 최상의 가치를 창조하는 글로벌 E&C 리더</td></tr>
<tr><td>핵심가치</td><td colspan="3">도전과 열정 (Keywords : 변화지향, 창의, 헌신, 적극성)
자율과 책임 (Keywords : 소신, 주인의식, 주도성, 완결, 목표의식)</td></tr>
<tr><td>경영방침</td><td colspan="3">내실경영, 인재경영, 창조경영</td></tr>
<tr><td>복리후생</td><td colspan="3">사내기금 및 사우회 운영, 선택적 복리후생제도, 포상제도, 휴가제도 등</td></tr>
</table>

지원분야주요업무(토목시공부문) – 현장관리, 시공과정 감독, 민원해결(품질, 안전), 협력업체관리, 공정관리 등

지원이유 – SOC의 근간인 토목사업의 기본역량을 갖추고, 주 전공인 교통공학을 시너지효과삼아 사회간접자본 등에 대한 고객만족도를 높이고자 합니다.

◆ **2011년도 상반기 공개채용시 입사절차 (신입 및 인턴)**

서류전형 – 인적성검사 – 1차면접(역량면접) – 2차면접(임원면접) – 건강검진 – 최종합격

◆ **인턴사원제도 입사절차 이후 일정**

1. 입문교육(3~4일) : 회사소개, 팀워크과제, 비즈니스매너 등
2. 인턴실습교육(5~6주) : 본사/현장배치
3. F/UP교육(2~3일) : 현장체험기 발표 및 팀워크훈련 등
4. 수료식(8월말) : 최종입사 확정
5. 이후일정 : 문화프로그램, 전략공모전, 현장견학, 선배사원 멘토링

◆ **2011년도 상반기 자기소개서 항목 (인턴/신입)**

1. 자신의 인생에서 가장 도전적이었던 일은 무엇이며 그 경험을 통해 얻은 것은 무엇인지 기술하시오.
2. 자신이 생각하는 '주인의식'이란 무엇이고 그러한 생각을 실제로 실천한 경험이 있다면 구체적으로 기술하시오.
3. 자신의 성격이나 일하는 스타일이 매우 다른 사람과 함께 일해 본 경험과 그 결과를 기술해 주십시오.
4. 남과는 다른 본인만이 가진 직무에서의 강점을 기술해 주십시오.
5. 입사 후의 자기계발 계획과 포부에 대해 기술해 보십시오.

제2장 _ 취업 서류 준비하기

:: 서류제출 방법

취업을 희망하는 경우, 어느 회사든 입사지원서나 이력서 둘 중 하나는 제출해야한다. 특별히 회사에서 지정한 틀이 없다면, 자신이 직접 제작해서 제출하면 된다. 서류접수 방법은 이메일, 자사 홈페이지, 우편, 방문접수가 있는데, 요즘은 이메일 접수나 자사 홈페이지를 통해 입사서류를 작성하게 하는 경우가 많다. 그럼 각각의 유의점을 살펴보도록 하자.

① 이메일 접수

이메일 접수 시, 마감일에는 지원자가 몰리기 때문에 피해를 볼 수 있다. 여유있게 미리 접수해야 한다.

또한 이메일 접수라고 해서 자유형식이라고 생각하지 말고, 꼭 회사 홈페이지에 방문하여, 입사서류의 정해진 형식이 있는지 분량제한이 어느 정도인지 확인해야 한다. 회사에서 MS Word로 제출하라고 했는데 Hwp로 보낸다면 처음부터 컴퓨터를 잘 다루지 못하는 사람으로 여겨질 수 있다.

이메일로 서류를 제출할 때는 서류뿐만 아니라 보내는 과정에서 신경 써야 할 부분이 많다. 먼저 메일 제목에는 어떤 분야의 입사지원서인지를 알린다. "입사서류입니다.", "○○○입니다."와 같이 본인 위주의

제목은 인사담당자를 번거롭게 만드는 일이다. 제목에는 입사지원서+지원 분야+이름을 꼭 기입해야 한다. 이때 다른 메일과 분류될 수 있게 [입사지원서], [입사서류] 등으로 [   ]표시하는 하는 것이 좋다.

> 예〉
> 제목 : [입사지원서] ○○회사 ○○팀(인턴) 지원자 ○○○입니다.
> 제목 : [입사서류] ○○팀 인턴지원자 ○○○입니다.

지금 자신의 이메일 이름이 어떤 식으로 되어 있는가? 보낸 사람의 이름이 '곰니', 'mari', '너를 사랑해', '발신자 정신없음'과 같이 별명으로 되어 있는 경우가 많을 것이다. 장난기만 가득한 학창시절 별명이 인사담당자에게 어떠한 영향을 미칠까? 사회인이 될 준비를 한다면 보낸 사람 이름은 자신의 이름 석 자로만 깔끔하게 보내도록 하자.

첨부파일 이름과 메시지를 활용하자. 간혹 첨부파일 이름이 '이력서', '자기소개서'로 보내는 것을 볼 수 있는데, 여러 상황을 대비해 꼭 자신의 이름과 지원 분야를 기재하도록 한다. 그리고 첨부파일만 보내는 이메일은 면접관에게 인사를 하지 않는 것과 같다. 서류에 다 쓰여 있어서 쓸 필요 없다고 생각하지 말고 이름, 지원 분야, 입사 후 포부를 간단히 적고 긴급 연락처까지 챙겨서 입사에 대한 의지를 전하자.

本문 내용 예〉 안녕하세요. ㅇㅇ회사에 지원하게 된 ㅇㅇㅇ입니다.

② 온라인 접수

자사 채용홈페이지에서나 취업포털을 통한 온라인 접수를 말한다. 시험공부를 벼락치기로 하듯, 미루다가 마감일에 급하게 써서 보내는 경우가 있는데, 이럴 때 낭패를 볼 수 있다. 마감일을 기다리지 말고 마감일 2~3일 전에 지원하자. 모든 준비가 완벽해도 마감 기한을 넘겨버리면 아무런 소용이 없다. 마감일에는 지원서 접수가 몰려 서버가 다운되기도 하고, 급할 경우 마감일 전에 채용이 끝나버리는 경우도 있기 때문에 미리미리 지원하는 것이 안전하다.

자사 채용홈페이지에서는 정보를 입력하고 나서도 마감되기 전까지 수정이 가능한 경우가 있기 때문에, 미리 접수하고 수정해나가는 것도 좋은 방법이 될 수 있다.

해당 홈페이지에 온라인으로 직접 작성하는 방식은 오타를 입력하거나 숫자를 잘못 기재하는 일이 생기기 쉽다. 이런 실수를 줄이기 위해서는 간단하게 각 항목을 한글 문서에서 작성해보고 정리한 내용을 보면서 온라인 입사서류에 입력하면 된다. 한글 문서에서 작성하여 맞춤법과 띄어쓰기를 미리 꼼꼼히 살핀 다음 온라인 작성을 한다면 훨씬 깔끔하고 완벽한 상태의 지원서류를 제출할 수 있게 될 것이다.

③ 우편 접수

우편 접수는 봉투에서부터 점수가 매겨진다. 성의 없어 보이는 글씨로 주소를 쓴 봉투를 보게 되면, 그 안의 내용에 대한 궁금증이 줄어들게 된다. 컴퓨터 글씨체보다 더 성의 있고 깔끔한 손글씨 실력을 갖추지 않았다면, 봉투에 주소를 적을 때에도 워드작업을 이용하여 [보내는 사람]과 [받는 사람]을 정확하게 기입한다. 이때 우편번호, 자신의 연락처까지 기입하고, 다른 부서로 잘못 가지 않도록 [○○부서 인턴 지원자 ○○○입니다] 등으로 작성하는 것이 안전하다.

〈봉투에 붙이는 예〉

보내는 사람
인호진(010-1234-5678)
서울특별시 도봉구 창동 262-3번지
우) 123-456

○○자동차 하계인턴사원 입사서류입니다

받는 사람
김영우 차장님
서울특별시 서초구 양재동 231번지
○○자동차 인사팀
우) 682-714

서류를 모아서 봉투에 넣을 때에도, 투명파일에 넣어 지원회사가 요청한 서류를 순서대로 넣게 되면, 종이가 찢어지거나 물에 젖는 상황을 피할 수 있다. 응시접수비를 소액환으로 보내라고 하는 경우, 우체국에 가서 해당금액을 소액환으로 바꾼 뒤 봉투에 넣어 보내도록 한다. 어떠한 상황에서라도 지원회사에서 지시한 사항은 모두 지키도록 하자.

④ 방문 접수

방문과 우편 둘 다 접수를 받는다면, 되도록 방문을 해보는 것이 좋다. 면접 당일에 길을 헤맬 일도 없고, 면접할 때에도 회사에 대한 느낌을 보다 구체적으로 전할 수 있기 때문이다.

방문 접수를 하러 가서는, 예비 면접이라고 생각하고 복장, 태도에도 신경을 써야한다. 접수를 받는 사람이, 내 상사일수도 있고 이미 자신을 체크하고 있을 지도 모를 일이다.

:: 이력서 작성하기

회사에서 정해진 양식이 아니라면 본인의 장점을 드러낼 수 있는 이력서 형식을 만들어야 한다. 경력이 많다면 경력을 돋보이게, 자격증이 많다면 자격증 부분을 강조해야 한다. 학력 사항과 경력 사항이 한 줄로 붙어있는 이력서는 면접관이 한 눈에 볼 수 없기 때문에 학력, 경력이 구분되어 있는 이력서 형식을 이용해야 한다.

이　력　서

1. 기초 자료

<table>
<tr><td rowspan="7">사　진</td><td>성　명</td><td></td><td>한　자</td><td></td></tr>
<tr><td>주민등록번호</td><td colspan="3"></td></tr>
<tr><td>E - mail</td><td colspan="3"></td></tr>
<tr><td>전 화 번 호</td><td></td><td>휴 대 폰</td><td></td></tr>
<tr><td>우 편 번 호</td><td></td><td>팩스번호</td><td></td></tr>
<tr><td>주　　소</td><td colspan="3"></td></tr>
<tr><td>본　　적</td><td colspan="3"></td></tr>
<tr><td>호 적 관 계</td><td>호 주 성 명</td><td></td><td>호주와의 관계</td><td></td></tr>
</table>

2. 학력 사항

기　간	학　교　명	학　과	비　고

3. 경력 사항

기　간	관 련 내 용	비　고

4. 자격증

취 득 년 월 일	자　격　증	발 령 청

위의 사실이 틀림없음을 서약합니다.

20　　년　　월　　일

지원자　　　　　㊞

이력서 샘플 ①

<table>
<tr><td></td><td colspan="3" align="center"><h2>응 시 원 서</h2></td><td>접수번호</td><td></td></tr>
<tr><td rowspan="5">사　진</td><td rowspan="2">성　명</td><td>한 글</td><td></td><td>한 자</td><td></td></tr>
<tr><td>영 문</td><td colspan="3"></td></tr>
<tr><td colspan="2">주민등록번호</td><td colspan="3"></td></tr>
<tr><td colspan="2">현 주 소</td><td colspan="3"></td></tr>
<tr><td rowspan="2">긴급연락처</td><td colspan="4">일반전화:　　　　　핸드폰:</td></tr>
<tr><td></td><td colspan="4">E-Mail :</td></tr>
</table>

학력	년　월	대학교　　졸업	신장	체중	나안시력
	년　월	대학원			좌
	년　월				우
	년　월		특기		취미

경력	근 무 처	근무기간	직위	담당업무	비 고
		년　월 ~ 년　월			
		년　월 ~ 년　월			
		년　월 ~ 년　월			
		년　월 ~ 년　월			
		년　월 ~ 년　월			

* 서류심사 합격시 경력확인서, 재직증명서을 제출할 수 있는 경력사항만 기재할 것.

가족사항	관계	성명	연령	학력	직업	근 무 처	동거여부	외국어 능력 (상.중.하로 표기)	
							동거( ).별거( )	영　어	
							동거( ).별거( )	일 본 어	
							동거( ).별거( )	( )남 ( )녀 중	
							동거( ).별거( )	막내	

　* 위 기재사항은 사실과 다름없음을 확인하오며 허위사실을 기재한 경우는 합격취소 등 여하한 조치에도 이의를 제기하지 않을 것을 서약함.

201 년　　월　　일

성　명　　　　　(인)

이력서 샘플②

① **기초자료 – 사진**

이력서에서 가장 먼저 눈이 가는 곳, 사진은 취업에서의 첫인상이다. 예쁘고 잘 생긴 외모의 문제가 아니라 얼마나 진지한 태도로 취업에 임하고 있는지를 보여 주어야 한다. 지금 자신의 이력서에 있는 사진을 체크해 보자.

입 사 지 원 서

사진 (3·4)	성 명	(한글)		(한자)	
	주민번호			생년월일	
	현주소				
	휴대폰			전화번호	
	이메일				

계절에 맞는 사진이 필요하다. 겨울에 민소매, 여름에 두꺼운 니트를 입은 사진은 오래된 느낌을 준다. 자신 없다면 사계절 무난하게 쓸 수 있는 정장을 입은 사진을 선택해야 한다.

머리카락이 눈에 거슬려서는 안 된다. 앞머리를 일자로 자르는 식으로 귀엽고 깜찍한 헤어를 해서 미성숙하게 보이게 한다거나, 머리로 얼굴을 가리는 스타일은 자신감을 표현하기 어렵다. 긴 머리는 묶어서 더욱 단정하고 깔끔한 인상을 주도록 하자.

종이에 사진을 붙일 때는 정해진 크기에 맞게, 보기 좋은 비율로 붙여야 한다. 사진 모서리에 풀이 남아 있는지 않은지도 확인하자. 전자 문서로 지원할 때는 정해진 크기와 파일 사이즈로 편집하는 성의가 필요하다.

이력서 사진은 이렇게!

② 기초자료 – 정보

- 이메일 주소

취업을 준비하고 있다면 이메일 계정을 하나 더 만들어야 한다. 처음에 이메일을 만들 때에는 장난스럽게 lovelove, 1004, 남자친구 이니셜 등을 사용하기도 하고, 본인의 이름을 그대로 영어로 적어 '김보경'이라면 rlaqhrud@로 만드는 경우도 있다. 하지만 취업에서는 이메일 주소도 취업에 대한 의지를 나타낼 수 있다. MBC 아나운서가 되고 싶다면 mbc나 ann을 섞어서 이메일 계정을 만들어서, 자신이 오래 전부터 이 일을 꿈꾸어 왔고 이 회사를 꼭 들어오고 싶다는 간절한 마음이 드러나도록 하자. 서울시에 지원하고 싶다면 seoul을 포함시키면 이력서 앞부분부터 주목받을 수 있고, 자기소개서를 쓸 때에도 모든 이메일 계정과 홈페이지 주소를 seoul로 할 정도로 서울을 사랑하고 서울시를 위해 일하고 싶다는 내용도 추가할 수 있게 된다.

- 기타 신상정보

긴급 연락처는 필수 사항이다. 가족이나 친구의 연락처를 기입하고, 상대에게 꼭 정보를 전달하도록 한다. 자취를 하거나 기숙사에 있는 학생들은 일반전화가 없는데, 이때에는 휴대전화라도 다시 한 번 적어야 한다. 팩스 또한 없다면 점이라도 찍어야 성의있게 이력서를 쓴 느낌을 줄 수 있다. 예전 형식의 이력서를 사용하는 경우, 호주·호주와의 관계를 써야한다면 호주제가 폐지된 지금의 상황이라고 해도 쓰는 센스가 필요하다. 호주가 아버지라면 [아버지 성함]을 기입하고, 호주와의 관계에는 [장남], [차녀] 등으로 기입하면 된다.

③ 학력

이력서의 학력사항은 보통 고등학교부터 기입한다. 만약 외국에서 중학교 시절을 보냈고, 그 부분을 강조해야 한다면 중학교부터 기입해도 된다.

예 1)

	기 간		학 교 명	전 공	졸업구분	소재지
학력사항	년 월~	년 월	고등학교			
	년 월~	년 월	대 학 교			
	년 월~	년 월	대 학 교			
	년 월~	년 월	대 학 교			

예 1)의 경우는 기간을 년월을 쓰도록 되어 있는데, 여기에서 주의점은 해당 월을 기입할 때 1~9월은 앞에 01, 02처럼 0을 붙이도록 한다. 그래야 11월, 12월이 아래에 있어도 정렬이 잘 될 수 있기 때문이다. 졸업구분은 졸업, 졸업예정으로 기입하면 된다.

2008년 03월	2013 02월	교양대학교	지식학과	졸업예정	서울

예 2)

	졸업년월	출 신 학 교			구 분
학력	. .			고등학교 졸업·중퇴	주간·야간
	. .			전문대학 졸업·중퇴	주간·야간
		대학(교)	대학 과	졸업·중퇴	주간·야간
	. .	대학(교)	대학 과	졸업·중퇴	주간·야간
	. .	대학(교)	대학 과	졸업·중퇴	주간·야간

예 2)처럼 졸업년월을 모두 기입해야 한다면, 가장 큰 어려움은 기억력이다. 자신이 몇 월 며칠에 대학에 입학했는지 기억에 안 난다면 입사서류 작성 시작부터 짜증이 밀려올 것이다. 이런 기본 정보들은 미리 파악해두도록 한다.

④ 경력사항

아르바이트나 인턴사원 경험을 적을 때 회사명과 담당 부서, 정확한 업무 내용까지 적어야 한다. "○○백화점 아르바이트"라는 애매한 내용보다는 "○○백화점 화장품 판매, 하루 평균 250명 고객응대"라고 기입한다면 이 아르바이트를 통해 서비스 마인드, 고객에 대한 배려를 함께 배울 수 있었다고 자기소개서에서 풀어낼 수 있게 된다.

신입사원으로 지원을 할 때 가장 쓸 내용이 없는 부분이 경력사항 부분이다. 다 비워서 이력서를 작성한다면, 다른 이력서에 비해 성의가 없어 보이거나 능력부족으로 여겨질 수도 있다. 만약 자유형식의 이력서라면, [해외연수경험], [봉사활동], [자격증] 등으로 변경하여 자신이 가지고 있는 다른 경력을 풀어내도록 한다. 경력사항에 지원분야와 관련된 경험을 기입하면, 자기소개서에서 자연스럽게 업무능력과 연결지을 수 있다.

⑤ 서명

마지막 부분에 작성일자와 본인 이름을 쓰고, 서명도 빠짐없이 해야 한다. 인터넷에 [무료도장]을 검색하면, 이력서에 사용할 수 있는 무료도장을 얻을 수 있다. 방문이나 우편접수일 때는, 프린트한 후에 친필사인을 해도 된다.

예전에 사용했던 이력서를 다시 쓰게 되는 경우에도 날짜를 꼭 수정

해야 한다는 것을 기억하자.

상기 내용은 사실과 틀림없습니다.
2012년 11월 23일   작성자 김보경

:: 자기소개서 작성하기

① 자기소개서의 구성

자기소개서는 말 그대로 자신을 소개하는 글로, 취업을 위한 자기소개서는 대학 입학을 위한 자기소개서나 대학 글쓰기 수업에서의 자기소개서와는 다른 특성을 가지고 있다. 이력서나 졸업증명서에서는 알 수 없는 개인의 구체적인 정보, 즉 성격이나 학교생활, 지원동기 등을 구체적인 정보로 기술해야 한다.

면접관은 자기소개서를 통해 지원자의 가정환경, 대인관계, 조직적응력을 알게 되며 인생관, 장래성까지 파악할 수 있고, 생각을 글로 표현하는 문장력까지 평가할 수 있다. 그렇기 때문에 지원자는 자기소개서 내용에 대체적인 성격과 인생관 등을 기술함으로써 해당 지원 회사에 자신이 적합하다는 것을 입증할 수 있어야 한다.

자기소개서 내용은 성장과정, 학교생활, 경력사항, 성격, 지원동기 등의 몇 가지 내용 단위들로 구성되어 있다. 요즘은 더 구체적으로, 문항을 주고 그에 따른 에피소드를 중심으로 내용을 전개하도록 하는 자기소개서도 늘고 있다.

자신의 삶에 영향을 미친 가장 중요한 사건이나 경험을 설명하고, 그것이 자신의 가치관 혹은 인생관에 어떠한 영향을 주었는지를 기술하시오.
학창시절 중 남들이 하지 않은 특별한 경험을 기술하시오.
입사지원 동기 및 지원하신 직무를 잘 수행할 수 있다고 생각하는 이유를 본인의 경험과 관련하여 기술하시오.
본인을 잘 설명할 수 있는 카피나 슬로건을 만들어 보고, 그 이유를 간단히 기술하시오.
지원하신 회사, 직무, 근무지와 관련하여 특별히 희망하는 점이나 면접자에게 꼭 알리고 싶은 사항을 기재하시오.

기업마다 요구하는 예는 달라보일지 몰라도 [성장과정 - 학교생활 - 성격 - 지원동기 및 입사 후 포부] 등의 내용이 자연스럽게 포함될 수밖에 없다. 기본 형식에 충실하게 내용을 정리해둔다면 해당되는 내용에 맞게 필요한 부분만 사용할 수 있을 것이다. 면접관이 지원자의 자기소개서를 2~3분 정도 안에 다 읽는다는 점을 감안하면, 자유형식의 경우, 꼭 제목이나 소제목을 개성 있게 써야 한다. 짧은 시간 안에 지원자의

특성과 장점을 최대한 부각시킨 제목과 소제목을 만들어 사용하는 것이 최근 자기소개서 경향이기도 하다.

② 자기소개서 소제목 만들기

자기소개서에서 소제목은 형식과 내용에 따라 여러 가지 유형으로 나눌 수 있다. 우선 자기소개서의 소제목은 형식에 따라 명사형, 명사구형, 문장형의 세 가지 유형으로 나타난다.

명사형 : 각오, 성격, 특기, 포부, 흥미, 성장과정.
명사구형 : 나의 인생관, 나를 뽑아야 하는 이유, ○○○라는 사람.
문장형 : 나의 인간관계는 감자와도 같습니다. 세상에서 가장 맛있는 샌드위치를 만들겠습니다. 변화를 두려워하지 않고 미래를 준비하는 직원이 되겠습니다.

면접관의 눈을 끌 수 있는 형식의 소제목은 명사구형이다. 명사구형이 선호되는 것은 명사형에 비해 구체적으로 지원자의 특성을 표현할 수 있고, 문장형보다는 간결한 느낌을 주기 때문이다.

또한 자기소개서의 소제목이 담고 있는 내용과 관련하여 업무/성격/특성·경험으로 유형을 나눌 수 있다. 아래의 예들은 아나운서에 지원한다는 가정 하에 쓸 수 있는 소제목이다.

㉠ 업무와 관련되는 소제목
방송인 ○○○/아기 방송인의 탄생/아나운서를 꿈꾸며/아나운서로 가는 길/방송과의 우연한 만남/내가 방송을 사랑하는 이유/누구보다 멋지게 웃을 수 있는 방송인/방송·영화·연극·연기와 떼려야 뗄 수 없는 사람/저는 평생 방송쟁이로 살고 싶습니다/저는 마이크 앞에서 가장 행복합니다/꾸밈과 거짓 없는 방송인이 되고 싶습니다/방송에 대한 열정과 노력으로 신뢰감 있는 아나운서가 되겠습니다.

<table>
<tr><td>ⓛ 지원자의 성격을 드러내는 소제목</td></tr>
<tr><td>고집스런 카멜레온/대한민국 응원단장/천천히 차근차근/톡톡 튀는 차분함/맺고 끊음은 확실한 사람/할 수 있다는 긍정적 생각/가슴으로 느낄 수 있는 사람/사랑하는 마음과 자유로운 사고/따뜻함을 잃지 않는 열정의 승부사/항상 웃는 얼굴이 보기 좋아/다른 사람을 기쁘게 할 수 있습니다/저는 '모범생'이라기보다는 '모험생'입니다/많은 시행착오를 겪으면서 끊임없이 도전하는 사람</td></tr>
<tr><td>ⓒ 남들과 구분되는 자신의 특성·경험을 드러내는 소제목</td></tr>
<tr><td>청산유수/○○○는 VIP/색깔 있는 말/천하장사 만만세/평범한 그녀의 특별한 비전/○○○에 들어갈 수밖에 없는 이유/스타를 꿈꾸다/앵무새가 될 것인가?/목소리로 분위기를 만들다/저는 이렇게 살아 왔습니다/총 대신 마이크를 잡고 24개월을 즐기다/간호라는 땅에서 방송이라는 꽃을 피우다</td></tr>
</table>

ⓐ에서는 아나운서라는 직업의 특성과 관련되는 소제목이다. '방송, 방송인, 마이크, 아나운서' 등을 사용하여 지원자가 관련 업무에 지원하는 것을 직접적으로 밝히고 관심과 의지를 표현하는 방법이다. 예를 들어 성장배경에서 '아기 방송인의 탄생'이라는 소제목을 사용하여 아나운서 출신인 어머니를 언급하며 이미 예견된 방송인이었다는 주제로 전개할 수도 있고, 고등학교 시절 방송반에서의 경험을 '저는 마이크 앞에서 가장 행복합니다.'라는 소제목으로 표현할 수 있다. 이러한 유형의 소제목은 모든 세부항목에 걸쳐 다양하게 사용한다.

ⓛ는 지원자의 성격을 드러내고 있는데, 세부항목의 '성장과정, 성격의 장·단점' 등에 사용가능하다. 면접관은 소제목만으로도 지원자의 성격을 파악하게 된다. 초등학교 때부터 가장 많이 들어왔던 말인 '항상 웃는 얼굴이 보기 좋아!'의 소제목에서는 지원자의 밝은 성격과 관련된 성장과정을, '천천히 차근차근'에서는 지원자가 차분하면서도 세심한 성격의 소유자라는 것을 전달할 수 있다.

ⓒ은 지원자의 특성이나 경험으로 소제목만으로 면접관이 아래의 글을 더 읽고 싶고, 호기심이 생기게 만들어야 한다. 자신만의 약어를 만들 수도 있는데, 'ㅇㅇㅇ는 VIP'에서 VIP를 자신의 다양한 경험(Various)과 독립심(Independent), 열정(Passion)으로 나타낼 수도 있다.

형식과 내용에 나누어 소제목을 만들었다면, 이제는 3~4개의 소제목만 나열해도 통일성이 있게 정리하면 된다. 아래 내용을 읽지 않더라도 소제목만으로 자신이 어떤 사람인지를 나타낼 수 있게 다듬어보자.

③ 자기소개서 내용 쓰기

취업 시, 면접관들은 지원자의 학벌이나 성적보다는 실질적인 능력과 조직 적응력의 비중을 높이고 있다. 따라서 지원자의 내실을 평가할 수 있는 자료의 하나인 자기소개서를 지원자는 더 신중하게 작성해야 할 것이다. 일기나 자서전이 상대방을 고려하지 않는 주관적인 글쓰기라면, 자기소개서는 독자가 정해져있다. 취업용 자기소개서는 자신을 소개하는 차원을 넘어 입사를 목적으로 면접관을 설득하는 글이다. 상품을 판매하기 위해 광고를 하듯이 자신을 상품화시켜 면접관의 마음을 동요시켜야 한다.

띄어쓰기와 맞춤법에 주의하고 기업에서 특별한 지시사항이 없다면, '나는 - 이다'와 같은 평칭보다 '저는 - 입니다.'의 경어를 사용하는 것이 좋다. 이는 경어표현으로 겸손함을 전달하기 위한 것으로 평칭에서는 자신감이 자만심으로 비칠 수도 있기 때문이다.

면접관은 자기소개서를 통해 문서능력까지 점검한다. 칸이 있는 경우에는 너무 꽉 차게 기입하면 답답해 보이게 된다. 반면 빈 줄이 위로 많으면 텅 빈 느낌이 들 수 있기 때문에 내용조절을 잘 해야 한다.

내용에는 필수사항인 성장과정과 성격의 장단점, 대학생활과 동아리

활동, 지원동기와 장래포부, 특기사항 등을 언급해야 하며, A4용지 1매
~1.5매 이내로 작성해야 한다.

ⓐ 성장과정, 학창 시절 활동

면접관은 부모님 소개나 고향 설명을 하는 자기소개서는 더 이상 바라지 않는다. 자신이 전달하고 싶은 내용과 면접관이 궁금해 하는 내용이 일치할 때 서류전형에 통과될 수 있다.

성장과정은 초등학교 시절부터 거슬러 올라올 필요 없이, 고등학교나 대학교 시절의 최근 이야기가 면접관의 공감을 얻을 가능성이 높다. 초·중·고 시절이 수동적인 위치였다면, 대학이라는 공간은 처음으로 자신의 의지대로 시간을 조절하는 최초의 사회생활이라고 생각하기 때문이다.

지원회사의 인재상에 따라 성장과정이나 학창시절 내용도 달라져야 한다. [열린 생각]이 인재상이라면 항상 도전하고 좌절하지 않았던 에피소드를, [고객지향적 인재]가 인재상이라면 아르바이트 경험을 통해 습득한 서비스마인드에 대해 기술할 수 있다.

성장과정이나 학창시절 내용은 지원자의 과거 경험을 설명하는 내용이 많아서, 'X를 했었습니다.', 'X할 수 있었습니다.', 'X를 배웠습니다.'라는 구문을 사용하여 면접관에게 'X에 대한 정보'를 전달해야 한다. 결론은, 'Y를 통해 X를 할 수 있었다.'로 Y는 '가족, 아르바이트, 조교활동' 등, X는 Y를 통해 얻게 된 '열정과 자신감, 신중함과 책임감, 인간관계' 등으로 기술할 수 있다.

아래는 합격한 자기소개서의 예이다.

성장배경 예〉

성장배경 〈성실하고 배우는 것이 즐거운 사람〉

ⓐ 초등학교 때는 수우미양가로 표기되던 성적이 중학교 들어서 평균점수와 석차라는 숫자로 나타났습니다. 평균점수 85점에 전교 석차 150/500. 공부를 잘 한다고 생각했던 저는 실망하게 되었습니다. ⓑ 할아버지와 약수터를 같이 가면서 이런 이야기를 드렸더니 할아버지께서는 근면을 강조하셨습니다. 부지런히 힘쓰지도 않고 좋은 성적이 나올 리가 없다는 당연한 진리이지만, 당시 핑계만 대던 저에게는 정곡을 찌르는 한 마디였습니다. ⓒ 그날로 위편삼절을 책상에 붙이고 공부를 했습니다. 혼자 공부하는 것이 쉬운 것이 아니었지만, 아침에 30분 일찍 일어나 영어단어를 외우고, 하교 후 주요과목을 노트에 정리하고 참고서를 풀어보고, 시험일정에 맞춰 공부하였습니다. 성적은 조금씩 올라가기 시작했고 학기가 지나갈 때마다 평균점수는 점점 올라 90점 92점 그리고 2학년 가을학기에서는 97점과 전교 석차 2등을 기록하였습니다. ⓓ 눈에 띄는 점수 향상은 물론이고, 이것을 계기로 배우고 공부하는 것이 즐거운 일이라는 것을 깨달았습니다.

이 자기소개서에서 ⓐ는 중학교 시절 낮은 성적을 받고서 어떻게 극복하려고 노력했는지를 설명하기 위한 시작단계이다. ⓑ은 할아버지가 강조한 '근면'을 통해 부지런하게 공부해야겠다는 다짐을 하고 있다. 어떠한 문제 상황이 생겼을 때 어떻게 극복하려는 지를 보여주는 좋은 예이다. ⓒ에서는 체계적인 방법으로 문제를 해결하려고 했고, 눈에 보이는 예를 제시하였다. ⓓ에서는 'Y를 통해 X를 할 수 있었다.' 형식을 사용해서 '배우고 공부하는 것'이 '즐거운 일'이라는 점을 알게 되었다고 마무리 짓고 있다.

ⓛ 성격의 장단점, 남들과 구별되는 개성·능력

취업에서는 회사에서도 잘 어울려 생활할 수 있는 밝은 성격의 지원자를 원한다. 그렇다고 "긍정적"이고 "낙천적"이라는 평범한 내용으로는 주목을 끌 수 없다. 이 업무에서 가장 필요로 하는 능력이 무엇인지,

이 업무를 잘 하기 위해서 가장 적합한 성격이 무엇인지를 생각한 다음에 내용을 만들도록 한다. 솔직한 것은 좋지만 "책임감이 없다"거나 "낯을 가려서" 사람들과 친해지기 어렵다는 성격의 단점은 피하도록 한다. 특히 영업직에 지원하면서 "낯을 가린다"는 단점이 있다고 말하는 것은, 아직 준비가 되지 않았다고 말하는 것과 같다. 단점을 기술할 때는, "~했지만 ~을 통해 극복했다"는 단점을 고치기 위해 노력한 과정에 초점을 맞추어야 한다. 그리고 나아진 자신의 모습이 업무에 어떠한 영향을 미칠 것인지까지 설명하면, 단점이 아닌 보완점으로 보일 수 있다.

아래는 합격한 자기소개서의 예이다.

성격 및 다른 사람과 구별되는 개성·능력 예〉

> **성격 및 다른 사람과 구별되는 개성·능력 〈누구보다 멋지게 웃을 수 있는 방송인〉**
>
> ⓐ 글쓰기 특히 소설쓰기를 즐겨합니다. ⓑ 제게 있어 글쓰기는 단순히 취미 활동을 넘어서 힘든 일을 겪으며 생긴 상처를 치유하는 도구입니다.
> ⓒ 특히 단편 소설을 쓰는 행위는, 여러 상황과 사건들을 통해 다른 사람들을 이해하는 삶의 도구로 활용하고 있기도 합니다. ⓓ 글을 쓴 이후부터는 다른 사람의 말에 귀를 기울일 줄 알게 됐으며, 사람들과의 만남 자체를 즐기는 쾌활한 사람이 되었습니다. ⓔ 특히 이런 제 모습은 ○○○ 아나운서로서 발휘될 것이라 믿습니다. ⓕ 맘 편히 이야기할 수 있는 아나운서 ○○○의 모습을 그리고 여러 가지 소식을 훈훈하게 전할 수 있는 '멀티 방송인'의 모습을 보일 자신이 있습니다.

이 자기소개서는 ⓐ, ⓑ, ⓒ에서 '글쓰기'와 관련된 주제를 시작으로 이를 통해 ⓓ의 '경청하는 자세'와 '쾌활한 사람'이 되었다는 내용순서로 전개하고 있다. 'Y를 통해 X를 할 수 있었다.' 형식을 사용하고 있으며, ⓔ, ⓕ는 해당사의 아나운서로 선택된다면 어떤 노력으로 회사에 기여할 것인지, 그 의지와 각오를 전하고 있다.

ⓒ 지원동기 및 포부

자기소개서에서 가장 중요한 부분은 〈지원동기〉와 〈포부〉이다. 왜 이 회사에 지원했는지, 회사에서 어떤 역할을 하고 싶은 지에 대해 구체적으로 기입해야 한다. 면접관들은 이 부분에서 면접질문을 가장 많이 골라낸다고 한다.

'귀사', '이 업무'라는 애매한 단어보다, 회사명, 지원업무에 대한 단어를 정확하게 기입해야 한다. 의지를 더 잘 담기 위해서는 "이 회사에 지원하기 위해 ~준비를 했습니다.", "몇 년 후 ~분야에서 전문가가 되고 싶습니다." "~한 경험을 통해 ~을 키웠습니다." 등의 구문을 이용하는 게 좋다. 아래는 IT업체에 지원해서 합격한 예이다.

자기소개서의 예〉

지원 동기 및 포부 ⓐ 〈고객의 익스플로러가 되겠습니다〉

ⓑ ○○○에 입사해서 다음 3가지를 꼭 이루겠습니다.

ⓒ 먼저 '새로 고침'이 되는 사람이 되겠습니다. 기후변화가 빠르게 이루어지는 만큼 기후변화협약을 비롯한 국제회의 및 협약의 주기가 짧아지고 있습니다. 이에 대응하기 위해 국제 동향을 항상 주시하며, 관련법의 제정 및 개정에 대해 항상 새로 고침이 되는 사람이 되겠습니다.

두 번째로 '즐겨 찾기'와 같은 사람이 되겠습니다. 고객사를 비롯해 회사업무를 함에 있어 일회성 도움을 주기 보다는 필요할 때 언제나 도움이 되는 사람이 되겠습니다. 꾸준한 고객사에 대한 피드백으로 고객사들이 필요할 때 찾아 볼 수 있는 즐겨찾기가 되어 향후에 있을 새로운 사업에 대해 긍정적인 영향을 발휘하겠습니다.

마지막으로 '뒤로 가기'를 하는 사람이 되겠습니다. 업무에 관한 스스로의 꾸준한 피드백과 자기계발을 하겠습니다. 컨설팅은 고객을 상대하는 일입니다. 최고의 컨설팅을 위해서는 컨설턴트 스스로 발전하는 사람이어야 합니다. 제가 한 업무의 잘한 점과 못한 점을 항상 기록하며, 앞으로의 업무에 대한 타산지석으로 삼겠습니다. 업무 외에도 여가시간을 활용하여 심리에 관한 다큐멘터리를 시청하고, 책을 읽음으로서 고객의 마음을 읽고 최고의 답변을 해주는 컨설턴트가 되겠습니다.

ⓓ ○○○에 입사하여 고객사와 회사 동료들에게 저를 만나면 일이 술술 풀리는 촉매 같은 인재가 되겠습니다.

이 부분은 지원 동기 및 포부와 관련된 내용으로 ⓐ는 고객을 향한 마음을 인터넷 익스플로러에 비유하여 궁금증을 불러일으키고 있고, ⓑ는 입사한 후 다짐하는 내용을 3가지로 정리한 문장이다. 일반나열 식보다 앞서 어떤 식으로 전개할 것인지 미리 알리면 글의 구성이 탄탄하게 보인다. ⓒ는 인터넷 익스플로러 여러 기능 중 '새로 고침'과 연관시켜 자신의 능력을 제시하는 내용으로 'Y하여 X가 되고 싶습니다.'의 형식이다. 그 뒤에도 '즐겨 찾기', '뒤로 가기' 기능도 같은 형식으로 전개하고 있다. ⓓ는 회사명을 정확하게 하여 입사의지를 담았고, 사회성이 뛰어난 자신의 장점을 내세워 각오를 보이고 있다.

자기소개서를 다 작성했다면, 꼭 프린트하여 글을 읽어보도록 하자. 화면상으로 글을 읽는 것과 인쇄해서 글을 읽는 것은 큰 차이가 있다. 화면상에 있는 글은 오타도 잘 보이지 않고 내용도 훨씬 잘 쓴 것처럼 보인다. 오타, 들여쓰기, 맞춤법 오류를 체크하고, 입으로 소리 내어 읽어보자.

:: 자기소개서 수정 전후 비교 – 성장배경

[노아방주의 달팽이처럼][1]
　어렸을 때부터 아버지와 함께 등산을 하면서 자연스럽게 산을 좋아하게 되었습니다. 첫 등산에서 빨리 올라가고 싶은 욕심에 처음에만 속도를 냈다가 지쳐서 정상에 가지

못한 기억은 꾸준히 올라가야 한다는 것을 깨닫게 해주었습니다.[2] 고등학생 때 삼성전자 299M 램D램 첫 개발, 「150억불 수출탑」 수상 등 삼성전자의 세계적인 성장을 본 저는 전자과를 목표로 공부했고 3수의[3] 수험생활 끝에 수석으로 입학하게 되었습니다.

1. 자기소개서 첫 시작인데, 밝은 느낌이 없다.
2. 등산을 통해 무엇을 배우고 느꼈는지를 더 구체적으로 보완할 것!
3. 이 기간 동안 얻은 것을 쓸 것! 전반적으로 자신을 더 많이 드러내면 좋을 듯함.

수 정 후

[노아방주의 달팽이처럼]

어렸을 때부터 아버지와 함께 등산을 하면서 자연스럽게 산을 좋아하게 되었습니다. 첫 등산에서 빨리 올라가고 싶은 욕심에 처음에만 속도를 냈다가 지쳐서 정상에 올라가지 못했습니다. 아버지께서는 저에게 "모든 것은 처음에만 속도를 내는 것이 중요한 것이 아니라 꾸준히 하는 것이 중요하단다."는 말씀으로 인내와 끈기가[1] 중요하다는 것을 가르쳐주셨습니다.

대입수능 실패 후 삼수를 했고 결국 전액장학으로 입학했습니다. 규칙적인 생활과 인내, 그리고 끈기가 없었다면 이룰 수 없었습니다.[2] 그리고 군 전역 후 마술동아리에서 공연을 함께 준비하면서 다른 사람들과의 원만한 인간관계를 유지하는 방법을 배웠습니다. 또한 마술을 처음 만나는 사람들에게 보여주면서 자연스럽게 친해지는 방법을 배웠습니다.

1. 단어로 요약해서 자신의 장점은 부각한 것 good!
2. 자신의 장점을 잘 부각시킴! 인내, 끈기, 규칙적인 생활, 인간성까지 잘 드러냄.

수 정 전

우선, 저는 1987년 7월 2일,[1] 서울에서 태어나 쭉 이 도시에서 서울의 성장과 함께 자랐습니다. 아버지께서는 금융 회사에서 일을 하셨고, 어머니는 고등학교 선생님으로서 학생들을 가르치고, 이렇게 부모님이[2] 맞벌이를 하시는 가정환경에서 자랐습니다. 그래서 어릴 때부터 연년생인 동생을 돌보며 책임감과 독립심이 강해졌고 성장하는데 큰 도움이 되었습니다. 저의 가족은 국내여행을 자주 다니곤 했는데, 한국이 경제위기를 맞으며,[3] 아버지께서는 퇴사 결심을 하시고 새로운 시작을 기약하며 한 달 간의 유럽 배낭여행을 다녀왔습니다. 그 때 다녀온 여행에서 유럽의 문화, 사회, 환경, 역사, 그리고 건축물을 보고 느끼며 세상 보는 눈이 넓어졌고, 상상력과 도전 정신을 향상시킬 수 있는 좋은 경험이었습니다. 또한 제가 24년 간 서울에 살아오면서 유럽의 선진 도시 못지않은, 한 나라의 수도이자 한국의 심장으로서의 공간 '서울'에 대해서 이해하고 공부하고 싶어지는 계기가 되었습니다. 그 후로 역사도시, 서울의 개발과 그 속에서 일어나는 우리의 삶에 대해서 많은 관심을 가져왔고, 결과적으로 이러한 관심들에 기초하여 건축을 공부하기로 결심했고 ○○대학교에 진학하게 되었습니다.[4]

1. 1980년대식 자기소개서 시작임. 이력서에 있는 내용은 쓸 필요 없음.
2. 부모님의 직업이 꼭 필요한 정보인가?
3. 긍정적인 느낌으로 바꾸자! "가족을 위한 선물" 등으로!
4. 한 문장에 너무 많은 내용을 담으려 하다 보니, 문장 연결과 구성이 어색함. 글 전반적으로 전개가 너무 느림.

수정 후

Growing up_ "made in 서울"[1]

저는 이 도시에서 태어나서부터 지금까지 쭉, 서울의 성장과 함께 자랐습니다. 또한 맞벌이를 하시는 부모님을 도와 어릴 때부터 연년생인 동생을 돌보며 책임감과 독립심이 강해졌고 성장하는데 큰 도움이 되었습니다. 한국이 IMF 금융 위기를 맞았을 때 새로운 시작을 기약하며, 퇴사를 하신 아버지는 가족들을 위해 유럽배낭여행이라는 큰 선물[2]을 해주셨습니다. 한 달간의 여행을 통해 문화, 사회, 환경, 역사, 그리고 건축물을 보고 느끼며 세상 보는 눈이 넓어졌고, 상상력과 도전 정신을 향상시킬 수 있는 좋은 경험이었습니다. 또한 제가 24년 간 서울에 살아오면서 유럽의 선진 도시 못지않은, 한 나라의 수도이자 한국의 심장으로서의 공간 '서울'에 대해서 이해하고 공부하고 싶어지는 계기가 되었습니다. 그 후로 역사도시, 서울의 개발과 그 속에서 일어나는 우리네 삶에 대해서 많은 관심을 가져왔고, 결과적으로 이러한 관심들에 기초하여 건축을 공부하기로 결심하게 되었습니다.[3]

:: 자기소개서 수정 전후 비교 - 성격의 장단점

수 정 전

'장점 + 단점 = 나만의 매력'[1]

　제가 내세울 장점은 아버지께[2] 배운 성실성과 부지런함 이 두 가지입니다. 어렸을 때부터 경험들을 통해 생긴 이 습관은 그 누구보다도 자신 있습니다. 이 때문에 저는 지금까지 맡은 일은 끝까지 책임을 지고 성실하고 부지런히 일을 처리해왔고 또한 남들보다 다른 더 나은 방안을 찾기 위해 노력하는 편입니다. 그리고 가장 중요하게 여기는 것이 원만한 대인관계입니다. 군대에서 오랜 기간 분대장을 할 때 분대원의 여러 고충들도 해결하고, 원만한 군 생활을 할 수 있도록 돕고 돈독한 관계를 유지하였습니다. 단점으로는 어떠한 결정을 내림에 있어서 신중하고 실수하지 않도록 하려다보니 시간이 조금 걸리는 편입니다. 하지만 이 일이 신중하고 실수하지 않아야 할 뿐만 아니라 그 상황에 맞는 신속함이[3] 요하는 만큼 앞으로 훈련을 부지런하고 성실히 하여 이러한 점들을 보안하겠습니다.

수 정 후

'이성적인 해결사'

　고등학생 때, 친구들과 의기투합하여 영화 제작 동아리를 만들어 활동하였습니다.

영화 촬영 중 한 장면이 어두운 날 학교에서 찍어야 했는데 학교에 부탁을 해도 학생들만 있으면 위험하다며 허락해 주지 않았습니다. 몰래 찍자는 친구들도 있었고, 선생님께 떼를 써보자고 하는 친구들도 있었지만, 저는 학교에서 안 된다고 한 이유를 해결할 방법을 찾으면 된다고 생각하였습니다. 그래서 담임선생님을 찾아가 촬영 때 함께 계서달라고 부탁드렸고 그렇게 학교의 허락을 받아 영화촬영은 다시 진행되었습니다. 이것 외에도 여러 가지 어려움이 발생할 때마다 이성적으로 해결하며 영화를 제작 하였고 친구들과 점차 우정도 깊어졌습니다.[1] 이렇게 만들어진 영화는 전국 청소년 영화제작대회에서 당당히 2등을 하였습니다. 이처럼 어떤 순간에 이성적으로 판단하여 결정하고 실행하는 점들이 저의 장점이라고 생각됩니다.[2] 어쩔 때는 너무 현실적이고 이성적이어서 정이 없어 보인다고 하며 단점이 되기도 합니다. 그렇지만 제가 지원하는 대통령 경호분야는 이성적인 판단력과 빠른 두뇌 순발력이 필요한 만큼 저의 이러한 장점들이 제가 경호를 함에 있어서 적합하다고 생각됩니다.[3]

1. 문제해결능력, 친구들과의 화합능력을 돋보이게 함.
2. 실제 사례와 연결시켜 자신의 장점을 돋보이게 함.
3. 지원분야에 적합한 자신을 잘 드러내고 있음.

수 정 전

[대양을 헤엄치는 고래와 같이]

저를 동물로 표현하면 고래라고 표현 하고 싶습니다.[1] 고래는 지구에서 제일 큰 동물 중 하나 이지만, 먹이는 플랑크톤을 먹습니다. 저는 고래처럼 큰 꿈을 가지고 있지만, 누구를 밟고 올라가거나 이용하여 쟁취하지 않는, 스스로의 노력으로 목표를 쟁취합니다. 그리고 고래는 초음파를 이용해 동료들과 대화를 합니다. 저 또한 성격이 원만하여 동료들과 원만한 관계를 유지하고 상부상조의 뜻을 실천하며 살아왔습니다.

고래는 먼 거리를 이동합니다. 몸집이 크기 때문에 처음에는 움직임이 상당히 느려 보입니다. 저도 슬로우 스타터라 "처음"이라는 말에 작아집니다. 덤벙대기도 합니다. 하지만 이것은 앞으로를[2] 위한 준비를 많이 하기 때문입니다. 고래는 먼 거리를 꾸준하게, 끈기 있기 이동합니다. 고래와 같이 저도, 목표를 향해 꾸준하고 성실하게 일에 임하여 끝내는 목표를 해내는 대기만성 형 인간입니다.[3]

수정 후

[무엇이든지 배우기를 좋아합니다.][1]

영상 촬영 및 편집, 에스프레소 추출, 파스타 만들기 등은 제가 배워보고 싶었던 것
들이고, 실제로 이 같은 것들을 배워서 유용하게 사용한 적 있습니다. 책을 통해서 배
우는 것이 아닌 실물을 만들고, 직접 경험하면서 그 과정을 즐깁니다. "인생은 배움의
연속이다"가 제 인생관입니다. 이러한 배우는 자세로 임하는 것이 저의 큰 장점입니다.

어떠한 일을 함에 있어서 그것이 옳은 일인가, 지금 내가 택한 길이 최선의 길인가
끊임없이 스스로에게 묻습니다. 그러다가 보면 간혹 지나친 신중함으로 인해 행동력
이 부족한 사람처럼 보일 때가 있습니다. 하지만 이러한 점은 끊임없는 시도와 경험으
로써 극복할 수 있다고 확신합니다. 저의 단점을 완벽에 기여하는 장점으로 승화할 수
있도록 노력하겠습니다.[2]

:: 자기소개서 수정 전후 비교 – 지원동기 및 포부

수정 전

이제 제가 설정한 목표를 향해 한 걸음 더 걸어가고자 합니다.[1] 로펌이라는 단체
는 물론 이익을 추구하는 기업이지만, 정의를 추구하는 법조인의 집단이기도 합니

다. 저는 아직 화합과 평화라는 꿈을 꾸고 있고,[2] 당신의 회사에서 그 꿈을 펼치고
싶습니다.

수 정 후

포부 〈머리는 차게 가슴은 뜨겁게![1]〉

　○○법률사무소[2]라고 하면 능력 있는 법조인이 모여 있는 법률사무소라는 이미지가
강하게 뿌리박혀 있습니다. 저 또한 그러한 기업 이미지에 맞게 스스로 법 이론에 대
한 공부를 꾸준히 하고, 다양한 실무능력을 갖춘 선배님들께 법률적 지식과 노하우를
배워 사건 해결 능력을 체계화시켜 나갈 것입니다. 그리고 ○○법률사무소가 세계적인
법률사무소를 지향하기에 외국어 회화 능력을 기르겠습니다. 회사에 출근하기에 앞서
새벽마다 영어 및 중국어 회화 학원에 다니며 노력한다면[3] 머지않아 그런 능력을 갖출
수 있을 것이라 생각합니다.

　○○법률사무소는 이익을 추구하는 영리단체로서 기업적 성격을 가지지만 다양한 공
익활동을 통해 정의를 추구하는 법조인의 집단이라는 공익적인 성격도 갖추고 있습
니다. 저는 ○○법률사무소의 다양한 공익활동에 적극적으로 참여하여 '변함없는 헌
신과 봉사'라는 회사의 이념[4]을 실천해 나가겠습니다. 특히 이주노동자를 위한 무료변
론 활동에 참가하여 ○○법률사무소가 세계적으로 존경받는 기업이 되는 데에 보탬
이 되고 싶습니다.

　능력 있는 봉사자, ○○법률사무소가 요구하는 인재가 여기 있습니다. 항상 엔진을
켜두겠습니다.[5]

    중학교 3학년 때부터 제 꿈은 쭉 공무원[1]이었습니다. 그리고 고등학교 3년 내내 그 꿈만을 바라보고 공부한 결과 1차 목표로 했던 ○○대학교의 도시행정학과에의 입학도 이루어냈습니다. 이제부터는 전공에 대해 배워 나가고, 학술 소모임에서의 도시문제에 대한 보다 심층적인 탐구를 통해 꿈을 위해 준비해나가면서,[2] 저의 최종 목표인 행정고시에 합격하기 위해 노력할 것입니다. 그리고 제가 공무원이 된다면 책임감 있는 제 성격과 꿈에 대한 열망, 도시전문가를 육성해나가는 도시행정학과의 특성을 백분 활용 하여 살기 좋은 도시, 시민들을 위한 도시를 만들어나가기 위해[3] 최선을 다할 것입니다.

> 1. 어떤 분야의 공무원?
> 2. 전공? 소모임? 탐구? ⇒ 어느 하나 구체적인 내용이 없다!
> 3. 어떻게 만들고 싶은가? 전체적으로 좋은 말은 많이 썼으나, 설득력 부족함.

〈지원동기 및 포부 : Lovely Seoul[1]〉

    중학교 3학년부터 제 꿈은 변함없이 공무원이 되는 것이었습니다. 고등학교 3년 내내 그 꿈만을 바라보고 공부한 결과 1차 목표로 했던 ○○대학교의 도시행정학과 입학도 이루어냈습니다. 대학생활을 하고, 전공수업을 들으면서 공무원이었던 제 꿈은 더욱 구체화되었습니다. 특히 '인간을 위한 도시연구회'라는 소모임 활동과 '대도시 공공문제론'이란 전공 수업을 통해[2] 서울시의 여러 가지 공공문제를 탐구해나가면서 서울시의 복지에 관심을 갖게 되었습니다. 저의 최종목표는 서울시청 복지국의 공무원이 되는 것입니다.

    저는 e-mail 주소에 서울 시민을 뜻하는 'Seoulite(서울라이트)' 라는 단어가 들어가 있을 정도로[3] 서울시민으로서의 자부심을 가지고 있으며, 서울시민을 위해 일하고 싶은 열망을 가지고 있습니다. 이러한 꿈에 대한 열망과 책임감 있는 성격, 도시전문가를 육성해나가는 도시행정학과의 특성을 백분 활용하여 살기 좋은 도시, 시민들을 위한 도시를 만들어나가기 위해 최선을 다할 것입니다. 또한 서울의 모든 시민들이 경제적 격차나 차별 없이 행복하게 생활할 수 있는 환경을 만들 수 있도록 힘쓸 것입니다. 최종적으로는 균형발전과 시민화합을 통해 시민들이 서울을 고향으로 사랑하는 Lovely Seoul을 만들기 위해 노력할 것입니다.[4]

> 1. 서울시 슬로건을 소제목으로 이용. good!
> 2. 구체적으로 잘 기입함.
> 3. 지원한 곳에 대한 관심과 의지가 느껴짐.
> 4. 서울을 사랑하고, 서울시를 위해 일하고 싶은 마음이 잘 드러남.

수정 전

부지런하다고 해서 잘 할 수 있다고 생각하지 않습니다.[1] 노력한다고 모든 것이 된다고 생각하지 않습니다. 부지런함은 지혜가 뒷받침됨으로써 더욱 빛난다고 생각합니다. 그 지혜와 성실로 꿈을 위해서 끊임없이 정진해 나가겠습니다. 저에게 꿈을 펼쳐 보일 수 있는 기회를 한번 주신다면 열과 성을 다해 회사의 기대에 부응 할 수 있는 인재가 될 것을 약속드립니다.[2]

> 1. 들여쓰기 지킬 것! 이 내용 어디에도 어떤 직업을 원하는지, 어디에 지원했는지 알 수가 없다. 이어지는 문장에서도 부지런함, 지혜, 성실이라는 추상적인 단어들뿐임.
> 2. 내용을 추가하여, 구체적이고 현실감 있게 다시 써볼 것!

수정 후

"Alpharising - 서로 다른 세상이 모여 더 나은 세상을 만들다 -"[1]

'서로 다른 세상이 모여 +@되는 세상을 만들다'라는 뜻의 Alpharising의 단어 뜻과 같이 저는 ○○텔레콤 법무팀에 있어서 Alpharising 될 수 있는 능력과 준비가 되어있다고 감히 확신하고 있습니다.[2] 저의 법무팀 합류는 비단 법무팀 뿐만이 아닌 ○○텔레콤 전체로서도 창조적이고 긍정적인 에너지로 작용할 거라 믿습니다.

현재 통신 분야는 기술 발전의 속도가 예측할 수 없을 정도로 빠르게 진행되어 신기술에 대한 지적재산권의 확보는 무엇보다 필수적일 것입니다. 또한 기업 간, 외국 간의 지적재산권의 분쟁은 그만큼 비일비재하여 기업 발전에 그 분쟁의 바람직한 해결을 위한 대응책 마련에 힘써야 한다고 판단됩니다. 그러한 이유로 저는 법학 전공의 장점을 십분 살려 지적재산권 지식을 구비한 인재로서 ○○텔레콤 법무팀 지적재산권 분야에 지원하게 되었습니다.

입사한 후에도 특허법 부분의 학습을 게을리하지 않을 것이고[3] 외국 회사와의 잦은 분쟁이 예상되는 지적재산분야이므로 외국어 학습을 틈틈이 꾸준히 진행할 예정입니다. 이러한 저의 노력과 지혜와 성실을 무기로 삼아 ○○맨으로서의 꿈을 위해서 끊임없이 정진해 나갈 것입니다. 저에게 그 꿈을 펼쳐 보일 수 있는 기회를 주시지 않으시겠습니까?

1. 해당 회사의 슬로건을 소제목으로 이용함.
2. 자신감 있게 전달하고 있음. good.
3. 입사 후에도 외국어, 특허법 관련 학습을 하겠다는 '노력하는 자세'를 보여주고 있음. 해당 분야에 대한 지식이 많은 느낌을 줌.

제2장 _ 면접 준비하기

:: 면접장에서의 자세

서류전형 통과 후 면접 일정이 정해지면 준비해야 할 것이 많아진다. 자기소개, 예상답안 준비, 면접 의상 구입으로 눈코 뜰 새 없이 바쁘겠지만, 자신이 바른 자세를 갖추고 있는지도 점검해보아야 한다. 왜냐하면 면접장에 들어와 자리에 서 있을 때의 첫 인상만으로 당락이 결정될 수 있기 때문이다. 답변을 할 때 몸짓이 산만하거나 다리를 흔드는 것, 움츠린 자세는 면접관에게 부정적인 인상을 줄 수 있다. 자세는 상대에 대한 예의로 받아지기도 하며 상대가 나를 평가하는 기준이 되기도 한다.

먼저 등과 가슴을 자신 있게 쭉 편다. 팔은 자연스럽게 내려 여성은 오른손을 위로하여 앞으로 모으고, 남성은 바지 재봉선 옆에 손을 내려 차렷 자세를 유지한다.

그 다음 시선처리를 잘 해야 한다. 면접관과 자연스럽게 눈을 맞추어야 하는데, 너무 뚫어지게 쳐다보면 공격적으로 보일 수 있기 때문에 대화 도중에 가끔 시선을 다른 곳으로 옮겨주어야 한다. 눈, 미간, 콧등 사이를 자연스럽게 번갈아 본다면, 면접관은 자신을 바라본다고 느끼면서도 거부감을 가지지 않게 되어 더 귀를 기울이게 될 것이다.

:: 면접장에서의 태도

흔히 면접은 면접관의 질문에 답을 하는 것이라고 생각하지만, 실제로는 지원회사에 들어서는 순간부터 면접이 시작된다. 엘리베이터에 인사담당자와 함께 타게 될 수도 있고, 복도에서 시끄럽게 떠드는 행동이 감점대상이 되기도 한다. 그렇다면 면접에서의 주의사항을 알아보도록 하자.

① 면접 시간을 잘 지키자 - 지각을 하게 되면 '약속을 안 지키는 사람', '시간 관리를 못하는 사람'으로 인식된다. 인터넷으로 미리 회사 위치와 시간을 확인하고 대중교통을 이용하도록 한다.

② 밝은 인상으로 긍정적인 느낌을 주자 - 복도, 엘리베이터에서 마주치는 모든 사람들이 면접에 영향을 미칠 수 있다는 생각으로 사람들에게 밝은 표정으로 인사를 해보자. 긴장완화는 물론, 좋은 첫인상을 남길 수도 있다.

③ 대기실에서는 차분히 생각을 정리한다 - 전화 통화나 지원자들과의 수다는 사회인으로서 준비된 자세가 아니다. 대기시간이 길 때는 신문의 경제, 사회면을 보며 면접질문을 대비하자.

④ 자신의 순서에 이름이 불리면 짧게 대답하고 들어가도록 한다 - 순서가 다가오면 자리를 비우지 않고 차례를 기다려야 한다. 인사에 대한 특별한 지시가 없다면, 수험번호+이름을 말하고 면접관에게 인사를 한다. 지원회사에 도착해 면접관을 만나기 전까지, 이 짧은 시간 동안의 무심코 한 행동도 평가되고 있다는 것을 기억하자.

:: 나의 이미지 체크하기

내가 생각하는 나는 어떤 이미지인가? 다른 사람이 생각할 때 나는 어떤 이미지로 비춰질까? 헤어스타일, 복장, 표정 등 각각의 특성들로 우리는 다른 사람의 이미지를 판단할 수 있다. 나는 나를 따뜻한 이미지의 사람이라고 생각하고 있는데, 다른 사람에게는 차가운 이미지로 보일 수도 있다. 이러한 이미지는 한번 형성이 되면 오랫동안 기억되는 특성이 있어서 오해를 받게 되기 때문에, 미리 자신의 이미지가 어떠한지, 내가 원하는 회사에는 어떠한 이미지의 사람을 필요로 하는지 미리 알아볼 필요가 있다.

다음은 Good(긍정적인 이미지), Bad(부정적인 이미지)로 나누어 여러 이미지를 나열한 것이다.

Good
도움 주는 / 정직한 / 성실한 / 친절한 / 고상한 / 밝은 / 유쾌한 / 따뜻한 / 건강한 / 친해지기 쉬운 / 센스 있는 / 힘찬 / 세련된 / 침착한 / 대범한 / 소신 있는 / 믿음이 가는 / 긍정적인 / 재미있는 / 젊은 / 이해심 많은

Bad
나대는 / 뒤끝 있는 / 친해지기 어려운 / 우울한 / 차가운 / 소심한 / 까칠한 / 우유부단 / 눈치 보는 / 신뢰할 수 없는 / 부정적인 / 배려 없는 / 이기적인 / 권위적인 / 촌스러운 / 품위 없는 / 어두운 / 둔한 / 나이든 / 연약한 / 유머 없는

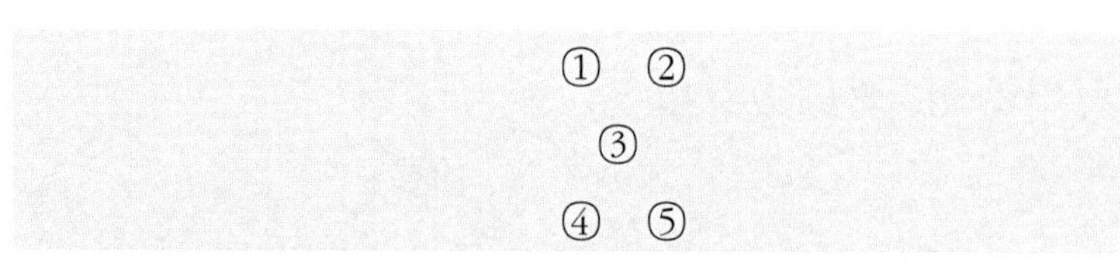

아래 표를 ①②③④⑤와 같다고 생각하고, ③에는 자신의 이름을 적는다. ①에는 자신이 생각하는 긍정적인 이미지를 2개, ②에는 자신이 생각하는 부정적인 이미지를 2개를 적는다. 남은 ④와 ⑤는 다른 사람에게 자신의 첫 이미지를 적어달라고 부탁한다. ④에는 다른 사람이 생각하는 긍정적인 이미지 2개, ⑤에는 다른 사람이 생각하는 부정적인 이미지 2개가 나오게 될 것이다.

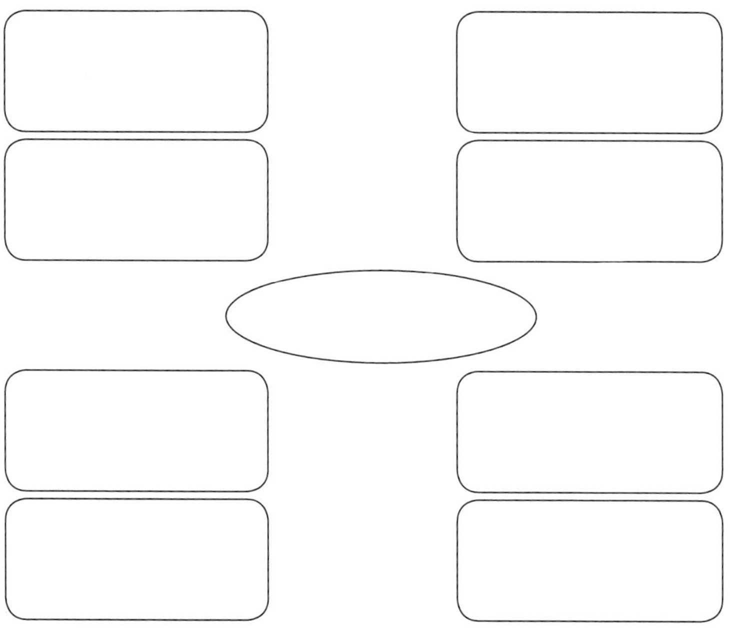

내가 생각하는 이미지와 다른 사람이 생각하는 이미지가 100% 일

치하는가? 내가 전혀 생각하지도 않았던 부정적인 이미지가 다른 사람에게는 보인다면, 잘못된 선입견을 주고 있어서 부정적인 평가를 받게 될 수도 있다. 면접에서는 신입사원의 느낌인 일 잘하고 적극적인 느낌의 이미지를 전달하여 함께 일하고 싶은 사람으로 비춰져야 할 것이다. 나중이 아니라, 지금부터 다른 사람에게 보여 지는 자신의 이미지에 대해 늘 신경 쓰면서 좋은 이미지를 만들어가는 노력을 해보도록 하자.

:: 호감 가는 표정 만들기

첫인상은 첫눈에 느껴지는 한 사람에 대해 마음에 남는 느낌을 말하는데, 이러한 첫인상은 빠르면 3초 이내, 늦어도 4분 안에 결정된다고 한다. 첫인상이 좋지 않을 때, 다시 좋은 인상으로 바꾸려면 적어도 연속해서 7시간 내지 40시간을 투자하고 노력해야만 회복할 수 있다는 실험결과가 있다. 첫인상이 중요한 것은 이렇게 단 한 번의 잘못이 오랫동안 기억 속에 남기 때문이다. 심리학에서는 한 사람의 첫인상이 잘못 입력되면 그 사람의 좋은 면까지도 거부하게 되는 현상을 초두효과(Primacy Effect)라고 한다. 다시 말해, 첫인상을 갖는데, 앞선 정보가 뒤따르는 정보보다 더 큰 영향력을 발휘한다는 것이다. 따라서 얼굴 표정 관리를 통해 첫인상을 상대에게 좋게 심어 놓으면 서로 간에 신뢰가 형성되어 좋은 관계를 계속 유지할 수 있다. 좋은 첫인상은 우리를 성공의 지름길로 안내할 것이다. 좋은 첫인상의 시작은 부드러운 눈빛으로 얼굴에는 미소를 보이

는 것부터 시작된다. 참고할 것은 시간, 장소, 상황에 맞는 얼굴 표정
을 짓는 것이다.

① 눈썹 주위 근육 풀기

눈썹에 살짝 닿을 정도로만 양손 검지를 올려 눈썹을 가린다. 거울
을 보고 검지 위로 눈썹이 올라오도록 만든다.

② 눈 훈련

반짝반짝 빛나는 눈빛을 만들기 위해서는 시선 처리도 중요하다. 눈
을 감고 양손으로 눈을 지그시 누른다. 눈을 뜬 다음, 눈동자를 오른
쪽 → 왼쪽, 위 → 아래, 시계방향으로 회전시키고, 시계반대방향으로도
회전시켜본다. 다시 눈을 감고 양 손으로 지그시 눌러준다. 이를 3~4
번씩 반복한다.

③ 입훈련

이마 사이로 복이 들어오고 코를 타고 복이 내려와 입으로 받는다는
말이 있다. 만약 입꼬리가 쳐져 있다면 복이 다 흘러내려버릴 것이다.
입꼬리는 올리면 긍정적이고 밝은 인상을 전할 수 있다. 입을 크게 벌려
'아 - 에 - 이 - 오 - 우'를 반복한다. 입에 공기를 잔뜩 넣어 입을 꼭 다문
다. 오른쪽으로 한번, 왼쪽으로 한번 공기를 이동하고 난 뒤, '이 -' 하며
소리를 내면서 입꼬리를 올리며 10초간 멈춘다. 오랜 시간 습관으로 경
련이 일어나거나 입술이 삐뚤게 입꼬리가 올라가는 경우가 있는데, 거
울을 보고 매일매일 연습을 하면 훨씬 자연스러워질 것이다.

:: 면접장에서의 인사

일반적인 인사에서 남자는 손을 바지 옆 재봉선에 대고, 몸을 숙일 때 손이 바지 재봉선에서 떨어지지 않게 유의한다. 발뒤꿈치를 붙인 상태에서 시계 10시 10분 정도가 되게 벌린다. 여자는 오른손이 위로 올라오는 공수자세로 한 뒤 인사를 하고, 몸을 숙일 때는 손을 자연스럽게 아래로 내린다. 발뒤꿈치를 붙인 상태에서 시계 11시 5분 정도가 되게 벌린다. 상체를 숙일 때 시선을 발끝에서 약 1m앞에 머물도록 하고 인사 전후로 상대방의 시선에 부드럽게 초점을 맞춘다.

> **Tip!**
>
> 공식적인 자리에서는 공수(拱手)자세를 한다. 전통적으로 남자는 양(陽)-동쪽, 여자는 음(陰)-서쪽을 뜻한다고 하는데, 이는 사람이 태양을 바라보고 섰을 때 왼쪽은 동쪽, 오른쪽은 서쪽이 된다고 해서 손을 모을 때는 남자는 왼손을 위로 포개고, 여자는 오른손을 위로 하여 공수를 해야 한다. 바른 자세에서 나오는 인사는 그 사람을 더욱 빛나게 할 것이다.

1단계: 상대방과 시선을 맞추고, 허리부터 숙인다. 이때 머리와 등, 허리는 일직선이 되어야 한다. 등과 목을 펴고 배를 끌어당기며 허리부터 한 동작으로 숙인다.

2단계 : 숙인 상태에서 잠깐의 포즈를 두어 절제미를 표현한다.

3단계 : 굽힐 때보다 천천히 상체를 들어 올린다. 이때 머리와 등, 허리를 일직선으로 하여 올라온다.

4단계: 상대방과 다시 시선을 맞춘다.

:: 면접의 종류

주요 기업들은 인재 채용 때, 서류전형, 인성과 적성검사, 면접을 거치며 이 중에서 면접을 가장 중요시하고 있다. 기업들은 팀장과 임원, 그리고 대표이사 면접 등 두세 차례 면접을 실시하고 이를 통해 개인의 인성, 자질, 창의성, 조직과의 융화, 업무능력 들을 측정한다.

최근에는 해결해야 할 과제를 사전에 부여하고 도출된 결론을 면접관 앞에서 발표케 하는 프레젠테이션 면접을 도입하는 기업이 늘고 있다. 따라서 면접이란 서류상으로 잘 드러나지 않거나 확인이 필요한 개인의 능력을 검증하고, 필요한 직무분야와의 적합성, 지원자의 인성, 적성이 회사의 조직문화와 잘 맞는지 여부를 검증하는 과정이라고 볼 수 있다.

① 단독면접

응시자 한 사람을 불러 한 면접위원이 개별적으로 질의응답하는 보편적인 방법이다. 시간이 많이 걸리고 면접위원의 주관이 작용할 수 있다는 단점이 있으나, 한 사람을 조목조목 알아내는 데는 좋은 방법일 수도 있다. 또한 1:1로 마주하기 때문에 필요 이상의 긴장이 될 수도 있겠지만 자신의 품성과 전문지식을 충분히 발휘할 수 있다.

② 개별면접

다수의 면접관이 한 사람의 지원자를 대상으로 질문과 응답을 하는 형태의 면접방식을 말한다. 면접관이 여러 명이므로 다각도의 질문이 나올 수 있고, 이를 통해 지원자의 다양한 측면을 알아낼 수 있다는 장점이 있다.

③ 집단면접

집단면접이란 면접관 여러 명이 지원자 여러 명을 한꺼번에 평가하는 면접방식이다. 지원자가 많은 경우, 면접 시간을 단축시킬 수 있고 응시자들을 비교평가 할 수 있다는 장점이 있는 반면에 앉는 순서에 따라 불이익을 당할 수 있다는 단점도 있다.

④ 토론면접

집단토론면접은 여러 명의 지원자들(5~8명)에게 일정한 주제나 내용을 제시하고 여기에 대한 토론을 벌여 면접관들이 발언의 내용이나 토론자세 등을 평가하는 방식이다. 이러한 면접방식은 응시생의 이해력, 협조성, 판단력, 표현력 등 종합적인 태도와 능력을 확인할 수 있다. 조원이 모두 참여해야 하기 때문에 시간조절이 중요하다. 자신의 주장만을 앞세워 시간을 많이 사용한다면 면접관에게 점수를 얻기 힘들다. 남의 의견을 들을 때도 고개를 끄덕이거나 잘 들었다는 메시지를 전하면 포용력이 넓은 사람으로 보일 수 있다(준비시간 10분, 찬반토론).

⑤ Presentation 면접

Presentation 면접방식은 직군별로 발생할 수 있는 사안을 중심으로 구체적으로 시사적인 주제에 대해 지원자가 자신의 의견, 경험, 지식 등을 발표하는 방식이다. 면접절차는 여러 주제 가운데 하나를 택해 지원자가 자신의 견해를 정리한 후 면접위원들과 다른 지원자들 앞에서 발표하는 방식으로 진행되며 한 지원자의 발표가 끝나면 그 내용에 관한 질의응답이 이어지게 된다(준비시간 30분, 발표시간 5~10분).

⑥ 기타 특수 면접

합숙을 하면서 1박2일 동안 지원자의 협동심과 평소 습관을 파악하는 면접도 있다. 이때는 음주면접, 식사면접도 포함될 수 있으니 과음을 한다거나 개별행동은 피해야 한다. 음악감상 면접에서는 자신의 생각을 글로 풀어내는 능력을, 축구면접에서는 단결력과 양보심을, 요리면접에서는 창의력을 보여주어야 한다. 문서 시뮬레이션면접은 어떤 상황이 적힌 종이를 받고, 그 조건 하에서 문제를 어떻게 해결할 것인지를 작성한다. 이 면접은 업무의 순서 배열, 일처리 감각 등을 파악하기 위해서라는 것을 기억하자.

:: 면접 정보 수집하기

인터넷 검색을 통해 면접에 대한 개요 및 내용에 대해 확인할 수 있다. 그 내용으로는 면접 차수 및 형태, 면접내용, 소요시간과 함께 간단한 면접 질문에 대한 확인이 가능하다.

해당기업에 대한 정보를 수집하고 나서 면접을 준비한다면, 맞춤형 취업준비를 할 수 있을 것이다. 예를 들어, 삼성그룹은 대부분의 면접에 앞서 자기소개 항목은 필수이고 토론면접·PT면접·임원면접에 골고루 신경을 써야 한다. 또한 SK건설의 면접은 시간이 짧은 것으로 유명하다. 짧은 시간 안에 자신에게 주어진 시간을 효과적으로 활용할 수 있어야 한다. LG전자는 영어면접·인성면접을 중점적으로, STX그룹은 역량면접·토론면접·PT면접 중에서 역량면접의 비중이 가장 크다는 내용을 미리 파악해 두어야 한다.

:: 면접 답변 준비하기

이력서와 자기소개서를 준비했다면, 이제 면접에서의 답변을 준비해야 한다. 면접장에서 평소에 생각하기도 않았던 질문을 갑자기 받게 되면 머릿속이 하얘지면서 제대로 대답을 못한다.

그래서 많은 지원자들은 미리 답변을 준비하기 위해서 책이나 인터넷 검색을 살피고 있다. 하지만, 자신에게 맞는 면접 예상 질문은 자신의 이력서나 자기소개서에 찾을 수 있다. 질문 리스트를 뽑아보고 예상 답변까지 만든다면 만족스러운 결과를 얻게 될 것이다.

① 혹시 전공과 다른 일에 지원했다면 :
　- 전공과 상관도 없는데, 왜 이 일을 희망하십니까?
　　그 전공에서는 어떤 것을 배웁니까?

② 경력사항에 인턴과정을 기재했다면 :

　- 이 인턴과정을 통해 무엇을 배웠나요?

　왜 6개월을 다 마치지 않았습니까?

③ 경력사항이 아무 것도 없다면 :

　- 아르바이트도 한 번 안 했습니까?

　대학생활 동안 무엇을 했습니까?

④ 특이한 취미를 기재했다면 :

　- 어떻게 해서 이런 취미를 갖게 되셨습니까?

⑤ 해외연수를 기재했다면 :

　- 연수기간 동안 가장 힘들었던 점은 무엇입니까?

　외국어로 자기소개 해보세요.

　해외지사 근무도 가능합니까?

:: 개성 있는 자기소개

회사마다 자기소개 시간이 다르게 배정되어 있다. 30초, 1분, 2분, 3분용 자기소개를 각각 준비하도록 한다. 30초 자기소개는 자신의 경력위주로, 1분 이상 자기소개는 비유를 이용한 자기소개가 효과적이다. 자신에 대한 설명을 하기에 앞서, 이렇게 소개하게 된 이유를 2가지나 3가지로 나누어 설명하겠다고 미리 요약해주는 것이 효과적이다. 논리 있게 말하는 것처럼 보이고, 듣고 있는 면접관도 궁금증에 생겨 끝까지 들어주게 된다. "저는 무의 단단함과 잘 어우러지는 무의 친화력, 이 두 가지와 닮은 사람입니다. 먼저 저의 굳은 의지력은 단단한 무와 같습니다. …"처럼 몇 가지 특징을 미리 언급한다면, 혹시 중간에 면접관이 끊어도 내용전달이 되었기 때문에 시간부족으로 손해보는 일을 줄이게 된다.

:: 자신의 경력을 위주로 쓴 자기소개

Q. 자기소개

A1. 안녕하십니까? 물음표(?)를 느낌표(!)로 바꿀 수 있는 예비 ○○인 ○○○입니다.

저는 대학생활 동안 대학생으로서 할 수 있는 모든 경험을 해보기 위해, 국내외 봉사활동과 프레젠테이션 경진대회 입상, 학회 과대표, 총학생회 선거 경험과 같은 다양한 활동을 해보았습니다. 이를 통해 남들보다 넓은 인맥과 대인관계를 가지게 되었습니다. 이러한 경험과 상황대처능력은, ○○에 입사를 하게 되면 더 빛을 발할 것이라 생각합니다.

A2. 안녕하십니까? 도시공학이라는 잡학을 전공한 지원자 ○○○입니다.

제 전공을 잡학이라고 말씀드린 이유는, 도시공학에서 배우는 내용들이 법이나 역사, 철학, 경제, 디자인과 같이 다양한 과목들로 섞여있기 때문입니다. 여러 가지 분야의 기초지식을 통해, 어떠한 문제를 단편적으로 이해하지 않고 다양한 시각으로 바라볼 수 있습니다. 학교수업을 통해 시각을 넓혀온 경험은 회사업무를 배우는데도 도움이 될 것이라고 생각합니다.

A3. 안녕하십니까? 정이 많고, 호감 가는, 일등 마케터 ○○○입니다.

저는 높은 산을 오르는 산악인 같은 사람입니다. 첫 번째 이유는, 산악인은 철저히 코스 분석과 사전준비를 하고 올라갑니다. 저는 5개의 공모전에서 수상을 했고, 우리 회사의 목표에 대한 분석력과 해결 능력을 갖추었습니다. 둘째, 산악인은 자신의 한계를 넘을 수 있는 도전정신이 있습니다. 공모전에 참여했을 때, PPT 만드는 능력을 빨리 길러야 해서 학교 디자인과에 혼자 찾아가 청강을 했습니다. 저 ○○○는 산악인처럼 분석 능력와 해결능력, 도전정신이 있는 사람입니다. 이를 바탕으로 ○○호텔의 목표인 아시아 탑3호텔이라는 산을 오르는데 도움이 되고자 합니다.

:: 비유를 이용한 자기소개

[기대-불일치 효과]

우리는 기대한 것과 다른 것을 보고 느낄 때, 더 주의를 기울이게 되고 잘 기억하게 된다. 너무 잘 알고 있는 내용을 말하면 진부하고 지루하게 느끼는 것이 사람의 심리이다. '소'를 이야기하면서 우직함을, '카멜레온'을 이야기하면서 여러 가지 색깔이 있다고 이야기한다면 뻔한 내용에 면접관의 주목을 끌지 못할 것이다. 비유하고 싶은 대상이 있다면, 남들이 다 알만한 내용보다 참신한 내용을 찾아보자!

A1. 안녕하십니까? ○○대학교 ○○학부 ○○○입니다.

저는 저를 무 같은 사람이라고 표현하고 싶습니다. 그 이유는 2가지가 있습니다. 먼저 저는 무처럼 단단하게 굳는 의지를 가지고 일을 하는 스타일입니다. 또 갈치조림 속의 무처럼, 무는 어느 음식에나 잘 어울립니다. 주위사람들과 잘 친해지고 제가 있는 곳에서는 드러나는 존

재감과 신뢰감이 장점입니다. 제가 ○○에서 일하게 된다면 일 할 때는 무처럼 우직하게, 주위사람들을 빛낼 때는 무처럼 도움을 주는 직원이 되겠습니다.

A2. 안녕하십니까? 저는 열정을 나타내는 빨강과 신뢰를 나타내는 파랑이 혼합된 보라색과 같은 사람입니다.

먼저 열정, 빨간색입니다. 대학 시절 외국어 능력 향상을 위해 캐나다로 떠난 적이 있습니다. 금전적인 문제로 어려움을 겪었지만 저의 도전정신과 긍정적인 사고로 취직을 해 문제를 해결할 수 있었습니다. 다음은 신뢰, 파란색입니다. 저는 사람들과 어울리는 것을 좋아하는데 특히 마음 속 깊은 대화를 하며 친구가 되려합니다. 이런 제 성향이 주위 사람들에게 믿음을 불러일으킬 수 있었고, 언제든지 연락하면 나올 수 있는 친구들이 많습니다. 현재는 보라색이지만 앞으로는 다양한 역량들을 혼합하여 다양한 색체를 띤 인재가 되도록 하겠습니다.

A3. 안녕하십니까? 수험번호 2026번 지원자 ○○○입니다.

저는 원소기호로 'Cu', 즉 금속 중의 '구리'같은 사람입니다. 구리의 색깔, 성질, 가공성 이 3가지 때문입니다. 먼저 구릿빛은 까무잡잡한 제 피부와 닮아 있습니다. 또한 구리는 부식이나 침식을 견디는 성질인 내식성이 뛰어납니다. 저 역시 아무리 어려운 일이 있더라도 버티고 노력해서 끝까지 일을 마무리하는 성격입니다. 세 번째는 구리의 가공성입니다. 구리는 금과 은을 제외하고 가장 길고 넓고 얇게 만들 수 있고, 여러 금속들과 섞여 합금을 만들 수 있습니다. 어떤 환경이든 유연하게 적응하고 회사 동료들과 융합해서 업무에 임할 수 있는 팀 플레이어가 되겠습니다. 가장 많이 사용되는 구리처럼, 이 회사에 밑거름이 되고 나아가 회사를 대표할 수 있는 구리와 같은 지원자 ○○○입니다.

A4. 안녕하십니까? ○○건설 건축시공직무 지원자 ○○○입니다.

저를 동물로 표현한다면 카멜레온일 것입니다. 그 이유는 두 가지입니다. 첫째, 카멜레온은 자신의 몸보다 3배 긴 혀를 가지고 있습니다. 그만큼 먹이를 향해 공격적으로 다가갑니다. 저는 남들보다 한 발 더 앞서기 위해 Primavera, Midas, Auto Cad 등 실무에서 바로 사용 가능한 건축 프로그램들을 꾸준히 익혀왔습니다. 둘째, 카멜레온은 절대 떨어지지 않은 빨판을 가지고 있습니다. 저는 제가 스스로 계획한 일을 절대 포기하지 않습니다. ○○문화회관 전시 기회를 따내기 위해 약 3주간 밤샘작업을 해 포트폴리오를 제출했고 당당히 기회를 따냈습니다. 이번에는 우리 ○○건설의 현장에서 적극성과 끈기를 바탕으로 업무에 임하도록 하겠습니다.

A5. 안녕하십니까? 수험번호 ○○○번, 박쥐같은 남자 ○○○입니다.

박쥐의 2가지 특징으로 저를 설명해보겠습니다. 첫 번째로 박쥐는 만년설이 쌓인 북극을 제외한 세계 전 지역에 분포하는 폭 넓은 서식지역을 가졌다는 점입니다. 저는 사람을 차별하지 않는 포용력을 바탕으로 ○○전자 내부에서 징검다리 역할을 할 수 있습니다. 두 번째 새처럼 날아다니는 유일한 포유류라는 점입니다. 모든 분야에서 1위를 하는 유일한, 최초의 기업이 ○○전자가 될 때까지 끊임없이 도전하고 창의적인 아이디어를 내겠습니다. 사람들을 아우르는 성격과 도전정신으로 ○○전자가 최고가 될 수 있도록 힘을 보태고 싶습니다.

:: 본인의 외모와 관련된 질문을 받았을 때

Q. 미소가 인상적인데 의식하고 있는 것인가? 아니면 원래 그런 표정인가?

A1. 밝은 표정을 칭찬해 주셔서 감사합니다. 대학 총학생회 선거운동을 할 때 웃으면서 전단지를 나누어주면 사람들이 더 잘 받아주는 것을 더욱 더 잘 알게 되었습니다. 그때부터 사람들에게 말을 걸 때는 웃으면서 말을 걸고, 거울 보면서 웃어보기도 합니다. 이게 처음에는 연습이었는데 이제는 습관이 된 것 같습니다.

A2. 물론 면접이라 약간 긴장해서 평상시보다는 표정에 주의를 기울였지만, 밝은 인상은 원래 표정에 가깝습니다. 일상 생활할 때에도 긍정적으로 생각하려고 노력하고 잘 웃는 편입니다. 평소의 제 긍정적인 에너지로 주위사람들을 즐겁게 하고 세 자신과 나아가서는 제가 속해있는 회사를 좋은 이미지로 가꾸어나가겠습니다.

:: 성격에 대한 답변하기

> **Tip!**
>
> 자기소개서와 면접 시 빠지지 않고 나오는 단골질문 중의 하나는 성격의 장·단점이다. 많은 지원자들이 장점은 잘 설명하는 반면 단점은 어떻게 이야기를 풀어야 할지 몰라서 당황하는 경우가 많다. 단점을 너무 솔직하게 말하면 자신의 입으로 부정적인 정보를 전달하는 것이기 때문에 신경 써서 답을 해야 한다.

Q. 성격이 얌전할 것 같은데, 일을 잘 할 수 있겠나?

> **Tip!**
>
> 성격의 장·단점을 말할 때, 장점은 크게 부각시키고, 단점은 장점처럼 보이도록 돌려 말할 수 있어야 한다. 하지만, 이 때 '게으르다.', '낯을 가린다.', '우유부단하다.'와 같은 내용은 절대 말하지 말자. 장점으로 돋보이게 할 수 있는 단점만을 전달해야 하는데, 회사에서는 조직 내에서 함께 일할 수 있는 사람을 찾는 것이기 때문에, 다른 사람과의 협력능력이나 인간관계에 대한 장점을 강조하도록 한다.

A. 네, 저는 면접관님 말씀대로 얌전한 이미지를 가지고 있습니다. 특히 어른을 대할때는 더 얌전한 모습을 보이도록 습관이 되어 있어 더욱 그렇게 보일 수도 있습니다. 그렇지만 일을 할 때는 그 누구보다 열

정적으로 업무를 수행하려고 노력해 왔습니다. 터키에 교환학생으로 체류할 당시, 한국에서 레깅스를 수입해 터키 중심부에서 판매한 경험이 있습니다. 그 때 저는 독특한 마케팅으로 손님들의 주목을 끌며 수익을 올리기도 했습니다. 이처럼 저는 항상 자신감을 가지고 책임감 있게 일을 수행할 수 있는 역량을 키우기 위해 노력해 왔습니다. ○○에 입사한 후에도 멈추지 않고 지속적으로 업무 역량을 갈고 닦겠습니다.

Q. 본인의 단점은 무엇이고, 어떻게 극복 했습니까?

A1. 저는 팀 프로젝트 시 열정이 지나쳐 제 생각을 강요하는 경우가 있었습니다. 이런 점을 고치기 위해 ○○○ 리더십 양성과정에서 다양한 사람들과의 커뮤니케이션 방법에 대해 학습하였습니다. 말을 잘 하기 위해서는 잘 듣는 방법부터 배워야 한다는 기본 가정 하에 저는 다른 사람에게 호의적인 인상과 제스처를 취하며 잘 듣는 방법을 알게 된 것입니다. 그 결과 타인의 의견을 잘 이끌어 내는 방법을 익히게 되었습니다.

A2. 저는 경영학도로서 가장 치명적인 발표 울렁증이 있었습니다. 그러나 누구보다 발표를 잘 하고 싶다는 생각으로 무작정 '대학생 발표 연합 동아리'에 지원하였고, 저에게 발표실력을 키울 수 있는 기회를 달라고 부탁했습니다. 덕분에 저는 6개월 교육생으로서 이수를 받을 수 있었습니다. 그 이후에는 또 6개월 동안 교육생들 앞에서 발표 관련 예시와 진행을 맡았습니다. 아직도 앞에서 말하는 것은 떨리지만 이제 두렵지 않고 즐길 수 있게 되었습니다. 저는 제 꿈을 이루기 위해서 저의 단점을 극복하고 바꾸려는 성격을 가지고 있습니다.

'너무 신중해서 시간이 많이 걸린다.'
-> '이 업무에서 있어 가장 중요한 것은 신중함이라 생각하고, 대신 무엇이든 시간을 정
해 일을 처리하는 연습을 하고 있다.'

'하나에 너무 집중한다.'
-> '한 발짝 물러서서 일을 바라보려고 노력하고 있고, 이러한 집중력은 업무에 있어서
끈기로 작용할 수 있다.'

:: 일에 임하는 자세를 묻는 질문

Q. 유능하지만 성실하지 않은 직원과 성실하지만 큰 성과가 없는 직원 중 누가 더 중요하나?

A. 큰 성과는 없지만 성실한 직원이 더 중요하다고 생각합니다. 그 이유는 기업은 많은 사람이 함께 팀워크를 발휘하여 목표를 달성해야하기 때문입니다. 유능하지만 성실하지 않은 직원이라면 팀워크를 와해시킬 수 있습니다. 이는 기업 환경에서 절대적으로 악영향을 줄 것입니다. 큰 성과는 없지만 성실한 직원은 자신의 능력을 점차 향상시키고 경력을 쌓음으로써 더 큰 성과를 만들어 낼 자질이 충분합니다. 저는 성실한 직원이 되어 팀워크를 증진시키고 더불어 제가 가진 다양한 역량으로 성과를 낼 수 있도록 하겠습니다.

Q. 어떠한 상사와 함께 일하고 싶은가?

나는 '이런 사람도 좋고, 저런 사람도 좋고', '누구든 함께 일하고 싶다'는 우유부단한 답변은 오히려 감점요인이 되기도 한다. 직장생활을 하면서 상사와 협동하여 일을 잘 처리할 수 있을지를 묻고 있다. 이에 대한 대답은 자신이 함께 일하고 싶은 멘토의 모습과 더불어 자신의 노력으로 문제를 최소화하겠다는 내용도 덧붙여야 한다.

A1. 공과 사 구분이 확실한 상사분과 함께 일하고 싶습니다. 저는 사람들과 마음을 열고 가깝게 지냅니다. 그 성격 때문에 상사분과도 많이 친해져 저에게 쓴 소리를 못 하실까봐 걱정입니다. 제가 잘못을 했을 때는 확실히 이야기를 해주셔서 업무에 지장을 주는 일이 없었으면 하는 바람입니다.

A2. 제가 생각하는 좋은 상사는 자신의 업무 노하우를 후배 사원에게 잘 알려주어 조직의 업무효율을 높일 수 있도록 도와주는 분입니다. 당연히 신입사원인 제가 더 많이, 적극적으로 업무에 임해야겠지만 무관심보다는 잘 챙겨주는 상사와 일하고 싶습니다. 마찬가지로 저도 후배사원을 잘 챙겨주는 상사가 되도록 노력하겠습니다.

Q. 동창회 모임이 있는데 직장 상사가 업무를 시켰다면 어떻게 할 것입니까?

> 사생활과 회사생활이 충돌할 때 잘 조절할 수 있는가를 묻는 질문이다. 둘 중에 하나를 고르기보다, 일을 우선으로 하되 개인생활도 잘 이어나가는 융통성 있는 태도를 보여주어야 할 것이다.

A. 저는 이 질문을 반대로 생각해보았습니다. 제 친구가 직장 상사가 시킨 일 때문에 동창회에 나와야 할지 고민하고 있는 상황이라면, 저는 당연히 친구를 이해하고 적극적으로 나오지 말라고 충고할 것입니다. 제 친구들 역시 저와 같은 생각일 것입니다. 저는 친구와의 우정을 무엇보다 소중하게 여기지만, 친구의 성공도 그만큼이나 간절하게 바랍니다. 가능하다면 동창회가 끝나고 나서 그 친구를 만나 몇 마디 나눌 수 있는 것만으로도 저는 그 날 행복할 것이고, 저희의 우정을 의심하지 않을 것입니다.

Q. 업무 특성상 야근이 많은 편인데, 괜찮을까요?

A. 예, 할 수 있습니다. 저는 대학에서 탱크라고 불렸습니다. 과제나 프로젝트를 맡으면 일이 끝날 때까지 일어서지 않기 때문에 붙여진 별명입니다. 또한 저는 수영과 등산으로 단련된 체력을 갖고 있습니다. 이러한 점을 바탕으로 ○○에서 야근 업무를 충분히 해낼 수 있습니다.

:: 회사에 대한 관심도를 묻는 질문

회사에 대한 애착을 가지고 있는지, 얼마만큼 공부했는지를 묻는 질문이다. 앞에 만든 〈기업분석〉이 빛을 발하는 순간이기도 하다. 회사의 인재상, 올해 경영목표 등에 대한 내용을 바탕으로 답변을 하면 된다. 자주 나오고 여러 각도로 질문하기 때문에 꼭 준비해야 한다.

Q. 우리 회사에 이전에도 와 본적이 있나? 어떤 느낌을 받았나?

A. 오늘 면접장소인 ○○○ 본사에는 회사분위기와 면접에서 헤매지 않기 위해 바로 어제 사전 방문을 하였습니다. 아침 일찍 방문했는데도 불구하고 회사 입구부터 분주하게 활기를 띄고 있었고, 친절히 안내해 주는 직원들을 보면서 저도 꼭 ○○○의 고객에게, 나의 고객에게 가치와 만족을 줄 수 있는 사람이 되어야겠다고 다짐하였습니다.

Q. 기업을 선택할 때 가장 중요시 여기는 것은 무엇입니까?

A. 기업의 성장성을 가장 많이 봅니다. ○○소프트에 지원하게 된 이유 역시, 국내 최고의 게임 기업으로 계속해서 성장할 것이라고 믿기 때문입니다. 물론 다양한 회사에서 일해 보는 것도 좋지만, 저는 탄탄하고 성장성 높은 이곳에 입사해 ○○소프트의 성장에 일조하여 ○○인이 되고 싶습니다.

Q. 우리 회사 홈페이지 개선점은 무엇인가?

A. ○○전자 홈페이지에 들어가 보면 메인 구성이 한눈에 들어오지 않기 때문에 접속자가 어렵게 느낄 수 있습니다. 따라서 메뉴를 좀 더

보기 편하게 체계화 시켜서 원하는 제품을 찾기 쉽게 카테고리를 수정할 필요가 있습니다. 이러한 작은 배려가 고객에게는 시간절약과 편리성을 준다고 생각합니다.

Q. 우리 회사에 어떻게 찾아왔나?

A. 저는 ○○○가 삼성역에 있다는 것을 잘 알고 있었지만, 워낙 넓은 장소이기 때문에 어제 미리 찾아와 지하철 출구와 정확한 장소를 확인했습니다. 그래서 오늘은 여유롭고 편안한 마음으로 이곳까지 찾아올 수 있었습니다. 이런 준비정신은 이 곳에 입사해서도 계속 될 것입니다.

Q. 우리 사옥에 들어와서 로비부터 지금까지 있으면서 느낀 점을 말해 보세요.

A1. ○○의 사옥은 새롭게 성장하는 IT기업답게 세련된 느낌을 받았습니다. 로비에 들어서는 순간 자유롭게 커피와 도넛을 들고 다니는 직원들을 보며 활기찬 분위기를 느낄 수 있었습니다. 3층 면접장소에서는 러닝머신, 게임기, 개성 있는 테이블에서 나이에 관계없이 자유롭게 대화를 나누는 것을 보고 관료주의적 조직문화가 아닌 직원의 개성을 중요시하고 있다는 느낌을 받았습니다.

A2. 처음 문을 열고 발을 들여놓는 순간부터 왠지 모를 가슴 벅참 때문에 마음을 진정시키는 것에 대부분의 시간을 할애했습니다. ○○사의 이직률이 가장 낮다는 말을 증명이라고 하듯 사원들의 얼굴에는 여유가 느껴졌고, 미소를 머금은 얼굴 뒤에는 애사심이 느껴졌습니다. 무엇보다도 저 또한 좋은 인상을 갖기 위해서 부단히 노력해야겠다는 생각과 회사 내 모든 선배님들과 친분을 쌓고 싶어졌습니다.

Q. 전공이 경영학인데, 이 업무에 어떤 도움을 줄 것이라 생각하나?

    지원업무와 전공이 다른데도 서류심사에 통과되고, 면접에 참여하게 되었다면 기업에서는 성적보다 자기소개서에서 나타는 성격, 지원동기에 주목했다는 것이다. 다른 지원자와 전공이 다르다고 기죽지 말고, 다르기 때문에 더 나은 결과를 낼 수 있다는 답변을 하자.
    지원업무와 전공이 같다면, 수업을 통해 배운 이론적인 부분을 실제에서 어떻게 연결시킬 수 있을 지에 대해 긍정적으로 답변을 하면 된다.

A. 경영학을 배우면서 저는 '기업'이 어떻게 돌아가는지를 배우고 큰 그림을 볼 수 있게 되었습니다. 나아가 영업에 필요한 물류관련 지식은 생산관리를 통해 배웠고, 마케팅 관리, 마케팅 조사론 등을 수강하면서 마케팅에 관련한 지식을 습득하였습니다. 제가 ○○에서 일하면서 난관에 부딪쳤을 때 일을 지혜롭게 풀어갈 수 있는 원동력이 될 것이라 생각합니다.

:: 현재 트렌드나 관심 분야를 묻는 질문

면접관이 "오늘 아침 신문 읽었나?", "최근에 가장 인상 깊은 신문기사는?", "신문을 볼 때 어느 면부터 보나?" 등의 질문을 하는 경우는, 지원자가 발 빠르게 최신 정보를 습득하고 있는지를 알아보기 위해서다. 이때 가장 이슈가 되는 내용에 자신의 의견을 덧붙여 이야기하는 것도 좋고, 지원회사와 관련된 기사를 언급하면 회사에 대한 관심도가 높다는 것을 어필할 수 있다.

Q. 최근 신문에서 가장 인상 깊게 본 기사는?

A1. 며칠 전 ○○신문에서 몽골과 우즈베키스탄이 주요 도시와 희토류 채석에 투자를 시작할 것이라는 기사를 접했습니다. 우리 ○○건설이 몽골과 우즈베키스탄에 진출한다면 이는 건축의 블루오션이 될 것입니다. 희토류 채취를 위한 플랜트 및 인프라를 구축하고, 동시에 도심지 호텔사업에 진출한다면 사우디에 집중된 플랜트 분야의 리스크를 최소화하고 침체되어 있는 건축시장에 새로운 바람을 일으킬 좋은 기회가 될 것입니다.

A2. 오늘 ○○신문에서 이 ○○사가 소비자들이 쉽게 접근할 수 있도록 ○○사 웹사이트를 일원화시키고 홈페이지를 SNS와 연동시킨다는 기사를 보았습니다. 이는 공급자적 마인드에서 소비자의 편의를 고려한 방향으로 한 단계 진보되었다고 볼 수 있습니다. 소비자의 목소리를 최대한 반영한

다는 내용은, 고객서비스에 대한 ○○사의 열정이 얼마나 큰지 알 수 있었습니다.

Q. 최근 읽은 책에 대해 소개해보세요.

> 꼭 최근에 출판된 책이 아니더라도 평소에 감명 깊게 읽은 책은 한 두 권 정도 줄거리와 감상평, 기억에 남는 이유를 정리하도록 하자. 만약에 이력서 [취미]란에 '독서'를 기입했다면, 어떤 책을 감명 깊게 읽었냐는 질문이나 좋아하는 작가에 대한 질문은 꼭 나오게 될 것이다. 책에 대한 이야기를 하면서, 끝에 "이 책을 통해 ○○을 다시 한 번 생각해볼 수 있게 되었습니다. ○○한 모습은 이곳에서 보여드릴 수 있었으면 합니다."로 마무리를 지으면 입사의지를 더 드러낼 수 있지 않을까?

A1. 강세형 작가의 〈나는 아직 어른이 되려면 멀었다〉입니다. 제목만 보고서는 아직 부족한 내 자신을 돌아보는 내용일 거라 생각했지만 그렇지 않았습니다. 일상의 소소한 일들, 차분하게 흘러가는 시간들을 되돌아보며 쓸데없이 걱정하고 실망했던 저를 위로해주는 내용이었습니다. 저는 이 책을 읽고 난 후 나는 아직 어른이 되려면 멀었다는 성숙하지 못함에 대한 자괴감이 아닌, 나는 아직 어른이 되려면 멀었고 청춘이 있음을 안도하고 기뻐하는 자세로 힘차게 세상을 마주해 나갈 것이라고 다짐했습니다.

A2. 얼마 전, 공지영 작가의 산문집 〈네가 어떤 삶을 살든 나는 너를 응원할 것이다〉를 읽었습니다. 공지영 씨가 엄마이자 더 많은 경험을

한 여성 사회인으로서 딸에게 하고 싶은 이야기를 편지글 형식으로 전하는 글이었는데, 같은 시대를 사는 여성으로서 공감가는 부분도 많았습니다. 가장 기억에 남는 부분은 지금 사는 순간이 인생의 전부이기도 하니 최선을 다해 그 순간을 살아가라고 하는 부분이었습니다.

Q. 최근 취직 활동 말고 다른 흥미를 느끼는 분야가 있습니까?

> 높은 학점만 인정해주던 시대가 아니다. 자신이 관심을 가지고 활동했던 경험을 바탕으로 학교수업에 배울 수 없었던 부분까지 습득한 내용을 전하자. 면접관은 사회 경험뿐만 아니라 여러 상황에 대처하는 능력까지 가진 사람을 찾고 있다.

A1. 네, 봉사활동과 운동을 하고 있습니다. 수업과 병행하면서 취직 활동을 하다 보니 항상 뭔가에 쫓기고 있다는 생각이 들어, 연탄 나르기나 노숙자에게 급식 배급을 하는 활동적인 봉사 활동을 합니다. 그리고 학교수업 중 테니스를 배우고 있는데, 실력을 키워서 ○○사 테니스 동호회에서도 선배님들과 테니스를 즐기고 싶습니다.

A2. 중국어에 관심을 가지고 공부를 하고 있습니다. 학교에 중국인 친구가 많아 생활중국어회화를 습득하고 있습니다. 제가 지원한 이곳 ○○도 중국 시장 진출을 앞두고 있다고 알고 있습니다. 이러한 환경에 발맞추어 중국어는 필수라고 생각합니다. 언젠가는 제가 배운 중국어가 중요한 순간에 쓰일 것이라 믿고 공부하고 있습니다.

A3. 취직 활동을 하면서 틈틈이 여행 책을 보고 있습니다. 유럽, 미국, 아시아 지역의 여러 나라를 보면서, 비록 지금 직접 가지는 못하지만 책을 통해 그곳에 있다는 느낌을 받을 수 있습니다. 그리고 여행 책을 보면 다른 문화를 이해하는데 큰 도움이 됩니다. 이것은 입사 후에 ○○호텔에 방문한 외국인들의 문화를 이해하는데 큰 도움이 될 것입니다.

Q. 학점이 높은데 대학원에 진학하지 않고 취업을 하는 이유는 무엇입니까?

A. 대학원에 진학하거나 취업을 하기 위해 학점을 신경을 쓴 것이라기보다 매순간 제 자리에서 최선을 다하는 것이 제 신조였고, 대학생답게 공부를 열심히 했습니다. 그래서 전공공부를 배우면서 즐겁게 공부했고, 전공심화보다는 배운 것은 ○○○사에서 펼쳐보고 싶은 마음에 도전을 꿈꾸게 되었습니다. 이렇게 학점을 잘 받았던 것처럼 취업 후에도 제 위치에서 본분을 다 할 것입니다.

Q. 당신이 면접관이라면 어떤 질문을 하겠습니까?

A. 제가 면접관이라면 순발력과 창의력을 동시에 볼 수 있는 질문들, 예로 "냉장고를 에스키모인에게 팔기 위해서는 어떻게 해야 할까요?"와

같은 질문은 하겠습니다. 그 이유는 지원자들이 모의 면접이나 다수의 면접 경험으로 일반적인 질문들에는 답변을 잘 하는데 너무 식상하고 일괄적이기 때문에 차별화된 특성을 찾기에는 무리가 있다고 생각합니다. 하지만 상상하지 못할 내용의 질문을 하면 새롭고 참신한 답변이 나올 수 있을 것입니다. 순발력와 창의력을 가진 신입사원을 뽑아야 회사에도 신선한 자극이 될 것이라 생각합니다.

Q. 끝으로 할 말이나 질문 있습니까?

> **Tip!**
>
> "끝으로 할 말이나 질문 있습니까?"라고 물을 때, 특별히 할 말이 없다고 하는 것은 자신에게 온 마지막 기회를 놓치는 것이다. 면접이 마칠 때까지 긴장을 풀지 말고, 이러한 질문이 왔을 때 이 회사에 대한 관심과 적극성을 보여주도록 하자.

A. 만일 입사를 하게 된다면 몇 개월 다니다가 적응할만 하면 떠나는 무책임한 행동은 하지 않겠습니다. 높은 보수만 보고 지원하거나, 회사의 명성만 보고 이곳에 지원하지 않았기 때문입니다. 대학시절부터 이곳에 지원하기 위해 기업연구를 하고 경험을 쌓아온 저는, 분명 다를 것입니다. 사람들과 화합도 잘 하고 일도 잘하는 사원이 되고 싶습니다. 감사합니다.

:: 기타 질문(이색 질문–정답이 없는 질문)

Q. 평일 날 명동에는 얼마의 사람이 모일 것 같나?

A. 대략 80만 명 정도의 사람이 모일 것 같습니다. 일단 명동에 있는 가게, 직장들을 만 개 정도라고 하고 여기에서 근무하는 평균적인 사람의 수를 20명이라고 가정하면 총 20만 명의 사람들이 일합니다. 이 가게나 직장을 찾는 사람들을 하루 평균 60명이라고 가정하면 60만 명의 사람들이 명동을 방문한다고 볼 수 있습니다. 그래서 총 약 80만 명의 사람들이 평일에 명동으로 모일 것으로 추정할 수 있습니다.

Q. 10만원을 가지고 미국에 가는 방법은?

A1. 현실적으로 10만원을 가지고 미국에 갈 수 있는 방법은 없을 거라고 생각합니다. 대신에 저는 이곳 ○○에 꼭 입사를 하겠습니다. 그 다음에 10만원으로 토익책과 영어회화책을 구입하겠습니다. 열심히 공부해서 자유자재로 영어회화를 할 수 있는 능력을 기르고 그 실력을 인정받아 미국 출장에 동행할 수 있는 기회를 가지도록 하겠습니다. 또는 미국지사에서 근무할 수 있는 기회를 잡은 다음 그곳에서 근무하는 것도 좋은 방법인 것 같습니다. 이를 위해서 우선 입사를 꼭 해야 합니다. 저는 할 수 있습니다.

A2. 10만원을 가지고 미국에 가는 방법은 타인의 눈을 빌리는 것이 있습니다. 현실적이거나 냉철한 눈으로 미국을 보고 온 여러 에세이 작가들의 책을 읽는 것입니다. 자신이 보고 경험하면 좋겠지만, 다른 방법으로 타인은 어떻게 바라보는지도 중요합니다. 10만원으로 5~6권의 여

행 에세이를 사서 읽는다면 각기 다른 시선으로 미국을 다녀올 수도 있습니다. 그러면서 공감하고 이해하며 때로는 다른 의견을 내보이며 다양한 미국을 경험할 수 있을 것입니다.

:: NG 단어들 "어느 정도", "나름"

> 추상적인 단어는 피하자! "어느 정도 열심히 했습니다." 어느 정도는 도대체 어느 정도일까? "나름 최선을 다했습니다." 친구들끼리 사용하는 언어와 공식적인 자리에서 사용하는 단어는 확실하게 구분할 필요가 있다.

Q. 이 전공자가 우리 업무와 잘 맞다고 생각하나?

A. "영어전공자가 습득했던 지식을 대학교 밖에서 습득했고, 충분히 저의 것으로 소화했기 때문에 어느 정도 전문성을 갖추었다고 자신 있게 말할 수 있습니다." → "어느 정도" 전문성인 지에 대한 설명이 필요하다.

Q. 대학에서 친구들은 많이 만들었나?

A. "학교생활을 나름 열심히 한다고 했지만, 대학교 시절에는 많은 친구들을 만들지도 못했습니다."

→ "나름"은 말 그대로 개인마다 기준이 다르다.

:: 면접하기 전 체크 사항

야구선수들은 한 번의 홈런을 치기 위해 하루에도 수백 번의 배팅연습을 한다. 마찬가지로 취업성공이라는 홈런을 치기 위해서는, 예상할 수 있는 모든 질문에 대한 답변을 준비해둬야 실전에서 자신감 있게 실력을 발휘할 수 있다. 평소에 비속어나 유행어를 쓰고 있지는 않은지, 짧고 함축된 표현에 길들여져 있는 것은 아닌지 생각해봐야 한다. 왜냐하면, 이런 나쁜 습관은 면접에서 긴장하다보면 꼭 드러나기 때문이다.

자신의 긍정적인 면만 부각시켜 포장을 잘 해도 모자란 면접 시간에, 굳이 부정적인 메시지를 전달하지는 말자. "학생이라 아는 것은 별로 없지만", "경력이 없어서 아직 제 능력을 발휘하지는 못하겠지만" 등의 표현은 절대 사용하지 말자. 하고 싶은 말 앞에 이러한 표현을 쓴다면, 자신은 아는 것도 없고, 능력을 발휘하지 못하는 사람이라고 면접관에게 전하는 것과 같다.

대신, 자신감이 느껴지는 언어를 사용하자. "10년 뒤, 이 회사에서 가장 열심히 일하는 사람은 바로 저일 것입니다.", "저는 ○○의 직원으로 준비된 사람입니다.", "만약 인턴이라도 기회를 주신다면 열심히 노력해보겠습니다."와 같이 자신 있게 대답하는 지원자에게 마음이 가는 것은 당연한 일일 것이다. 그리고 면접관이 자신에 대해 부정적인 정보들을 언급하고 압박질문을 던질 때에도, 절대 말을 가로채지 말고 끝까지 들어 질문의 의도를 파악해서 답변을 해야 한다. 자신도 모르게 하는 실수가 면접관들이 볼 때는 무례하고 건방진 행위로 여겨질 수 있다.

2부

스피치 커뮤니케이션

성공적인 취업전략과
직장예절

스피치 커뮤니케이션

제1장 _ 스피치를 향상시키는 기술

:: 목소리 가꾸기

말을 정확하게 잘 하는 것은 취업에서도 필요하지만, 일상생활 모든 부분에서 필요한 부분이다. 발표, 대화, 면접에서 사용할 수 있는 스피치 기법을 전수하고자 한다.

남들은 나의 목소리를 어떻게 들을까? 자신의 목소리를 체크하는 가장 좋은 방법은 녹음을 해보는 것이다. 예전에는 녹음기가 따로 필요했지만, 지금은 MP3나 휴대전화에서도 자신의 목소리를 녹음할 수 있다. 발음연습이나 뉴스를 연습할 때 녹음을 해도 부족한 부분을 찾을 수 있지만, 평소 자연스럽게 대화할 때 녹음을 하면 자주 쓰는 단어나 표현들까지 파악할 수 있다. 녹음된 자신의 목소리를 처음 들으면 실제 알고 있는 목소리와 달라 낯설게 느껴지는 것이 당연하다. 평소 자신의 귀에 들리는 음성은, 성대의 진동이 두개골에 전달되는 소리와 실제 귀에서 듣는 소리가 합쳐진 것이다. 공기 중에서 들리는 자신의 목소리이고, 다른 사람도 이 소리를 듣게 되는 것이다.

:: 정확한 발음 훈련

아침에 업무상 통화를 한다거나, 사람들과 말을 할 때 발음이 꼬이는 경우가 있다. 혀가 덜 풀려서 일어나는 현상인데, 평소에 입 운동뿐만 아니라 혀 운동도 매일 하는 게 좋다. 먼저 혀로 윗니, 아랫니 앞뒤를 다 쓸어내리고, 입 안 구석구석을 잇몸마사지 하듯 움직인다.

그 다음, 입을 최대한 크게 벌리고 '아, 에, 이, 오, 우'를 소리내어본다.

[발음 연습표]를 읽어보자. '가! 나! 다! 라!' 순서로 큰 소리로 끊어 읽는다. 왼쪽에서 오른쪽으로, 위에서 아래로, 사선으로 읽는다.

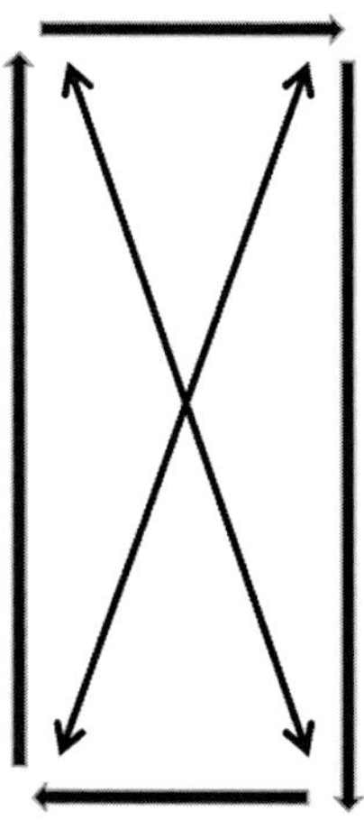

오른쪽에서 왼쪽으로 읽어본다.

기-그-규-구-교-고-겨-거-갸-가

받침을 넣어 읽어본다.

갈-날-달-랄-말-발-살-알-잘-찰-칼-탈-팔-할

:: 어려운 발음연습

처음에는 천천히 또박또박, 나중에는 점점 속도를 빠르게 연습해 본다.

간장 공장 공장장인 강 공장장과 된장 공장 공장장인 공 공장장이 서울특별시 특허 허가과 허가과장 허과장을 만났습니다. 강 공장장과 공 공장장, 허과장은 고려고 출신인데, 고려고 교복은 고급원단을 사용하기로 유명합니다.

신춘 샹송쇼를 샹그릴라 호텔에서 연 신진 샹송가수 송순수씨가 저기 저 미트 소시지 소스 스파게티는 깐쇼새우 크림소스 소시지 소스 스테이크보다 비싸다며 단식에 들어가 호텔의 빈축을 사고 있습니다.

저기 저 두 분은 백 법학박사와 박 법학박사입니다. 백 법학박사는 "저기 있는 말뚝이 말 맬 말뚝이냐, 말 못 맬 말뚝이냐."에 대해, 박 법학박사는
"들의 콩깍지는 깐 콩깍지인가 안 깐 콩깍지인가. 깐 콩깍지면 어떻고 안 깐 콩깍지면 어떠냐. 깐 콩깍지나 안 깐 콩깍지나 다 콩깍지인데."라며 대화를 이어나갔습니다.

헌 상품을 새 상품으로 만들어내는 상장사가 저기 가는 상장사가 새 상 상장사냐 헌 상 상장사냐고 소리를 질러 지나가던 신실신씨가 소스라치게 놀랐다고 합니다.

김기란씨가 "내가 그린 기린그림은 긴 기린그림이고 네가 그린 기린그림은 안 긴 기린그림이다."라고 주장하자, 김가린씨는 "내가 그린 구름그림은 새털구름 그린 구름그림이고, 네가 그린 구름그림은 깃털구름 그린 구름그림이다."라고 답변했습니다.

챠프포프킨과 치스챠코프는 라흐마니노프의 피아노 콘체르토의 선율이 흐르는 영화를 보면서 켄터키 후라이드 치킨, 포테이토 칩, 파파야 등을 포식하였습니다.

영희가 토끼통을 가져오라고 했는데, 작은 토끼 토끼통 옆에 있는 큰 토끼 토끼통을 가지고 오라는 건지, 큰 토끼 토끼통 옆에 있는 작은 토끼 토끼통을 가져오라는 건지 모르겠습니다.

> **Tip!**
>
> 복식 호흡으로 연습하면 더 깊고 건강한 목소리가 나온다. 흉식 호흡이 숨을 쉴 때 어깨와 가슴이 동시에 올라간다면, 복식 호흡은 배만 앞으로 나오게 된다. 어깨너비로 다리를 벌리고, 두 손을 자신의 배 위에 살짝 올린 상태에서 코로 숨을 들이 마신다. 이 때 배가 불룩하게 나와야 한다. 잠시 멈추고 입으로 길게 숨을 내어 뱉는데, 숨을 들이 마신 시간보다 내뱉는 시간이 길어야 효과적이다. 이때 배는 점점 들어가게 된다. 연습을 하다보면 멈춘 시간, 내뱉는 시간이 점점 길어지는 것을 느끼게 될 것이다.

:: 틀리기 쉬운 발음

1988년 국어연구소에 의해 〈표준어규정해설〉이 나왔다. "표준어는 교양 있는 사람들이 두루 쓰는 현대 서울말로 정함을 원칙으로 한다."가 제 1항의 원칙이다. 사회의 여러 현상이 복잡해질수록 모든 것에 가속도가 붙어 말조차 빨라지고 그 소리남도 거세진다고 한다. 말은 변하고 있지만, 일상생활에서 표준발음과 표준어에 가까운 표현을 쓰는 연습이 필요하다. 발음만 정확하게 해도 세련된 느낌을 줄 수 있다.

이 문장과 단어를 읽어보자.

일요일에 촬영이 있다고 해서 부엌을 꽃으로 꾸며봤어요.
꽃으로/ 무릎을/ 부엌을/ 일요일/ 촬영/ 절약/ 언어/ 국어

자음이 받침에서 모음으로 시작된 조사나 어미접사와 결합되는 경우에는 제 음가대로 뒤 음절 첫소리를 옮겨 발음해야 한다. [꼬스로]나 [무르블]로 발음하기도 하는데, [꼬츠로], [무르플], [부어클], [이료일], [촤령], [저략], [어너], [구거]가 정확한 발음이다.

[ㄷ], [ㅌ]의 소리가 [ㅣ] 모음과 만났을 때 [ㅈ], [ㅊ]으로 나는 경우도 있다. '밭이 → [바치], 곁이 → [겨치]'의 경우이다. 하지만, [ㅣ] 모음이 아닌 소리에는 제 음가대로 뒤 음절 첫소리를 옮겨 발음해야 한다.

내 곁으로 - [내 겨츠로] (×), [내 겨트로] (○)
밭으로 - [바츠로] (×), [바트로] (○)

이 문장과 단어를 읽어보자.

겨울방학보다 여름방학이 더 길고 볼거리도 많다.
겨울방학/ 여름방학/ 볼거리/ 오늘밤

우리말은 단일어가 모여 복합어가 될 때에 경음화 현상으로 된소리 발음을 하게 된다. [겨울빵학], [여름빵학], [볼꺼리], [오늘빰]으로 발음된다. 요즘 '자르다'를 [짜르다]인 된소리로 많이 쓰고 있는데, 이때는 [자르

다의 발음이 올바르다.

'의'는 첫 음절의 '의'와 첫 음절이 아닌 곳의 '의', 소유격 조사로 쓰인 '의' 등 3가지로 발음이 된다. 다음의 단어들을 읽어보자.

①의 경우에는 이중모음 'ㅢ' 로, ②는 'ㅣ' 로, ③은 'ㅔ' 로 발음된다. 예를 들어 '민주주의의 의의'를 가장 세련된 발음으로 하자면, [민주주이에 의이]가 되는 것이다.

지방에서 강의를 하면 많은 사람들이 사투리를 고칠 수 있냐는 질문을 한다. 그 지역에서 생활하고 업무를 하기에는 사투리가 더 정감 있을 수 있다. 하지만, 대중 앞에 나와 발표를 하거나 다른 지역사람들 앞에서 말을 할 때는 혹시나 웃음거리가 될까봐 자신감이 없어진다. 표준어를 쓰려고 어미만 올리는 경우가 있는데, 이때에도 사투리가 사라지는 않는다. 어미를 올리는 것뿐만 아니라 단어에도 악센트가 있다. 사(○)람(○), 방(○)송(○), 전(○)화(○)가 표준어 악센트라면, 경상남도 지역은 사(○)람(○), 경상북도 지역은 사(○)람(○)으로 차이가 있기 때문이다. 사투리를 고치거나 자신의 목소리를

바꾸고 싶은 사람은, 노래의 음을 외우듯이 문장 전체의 음을 따라 해 보는 것이 가장 좋은 방법이다. 자신이 닮고 싶은 배우나 방송인을 한 명 정해서, 그 사람이 말하는 톤, 속도, 악센트를 그대로 따라하는 것이다. 이는 학창시절 친한 친구의 말투와 닮아가는 것과는 같은 원리이다. 많이 듣고 따라

하고 연습하다보면, 어느 순간 자신이 모델로 삼은 사람과 말투가 닮아있을 것이다. 모델을 고를 때, 자신의 얼굴형과 닮은 사람을 고르면 훨씬 더 따라 하기 쉽다.

:: 나의 말하기 속도는?

분명히 10분 연설의 원고를 준비했는데, 5분 안에 끝난 적은 없나? 평소 자신이 말하는 속도를 체크해보자. 1분에 평균 몇 단어를 읽는지 안다면, 3분 스피치나 5분 스피치를 부탁받았을 때 원고쓰기가 편할 것이다. 방송사 아나운서는 1분에 300~350자(60내지 70개의 단어)를 소화할 수 있다.

평소에 말을 빨리 하는 사람은 표현이 풍부하고 설득력을 높일 수도 있지만, 너무 빨리 말하는 것은 듣는 사람을 긴장하게 만들 수 있다. 말을 천천히 하는 사람은 진지하고 신뢰감을 높일 수 있지만, 듣는 사람을 지루하게 만들 수도 있다. 상대의 속도에 맞추어 자신의 말속도를 따라 하는 게 가장 바람직하나, 보통 이론적인 부분을 말할 때는 조금 빨리, 실기와 관련된 부분을 말할 때는 조금 천천히 말하는 것이 효과적이다.

면접 시!
면접관에게 대답을 할 때는, 전반적으로 조금 빠르게 말하는 것이 자신감 있어 보인다. 자신에 대한 설명 중 긍정적인 정보는 천천히 또박또박, 부정적인 정보는 빨리 하는 것도 좋은 방법이다. 성격의 장단점을 말할 때, 단점은 빨리, 장점은 천천히 속도를 달리하여 장점을 돋보이게 하자.

:: 소리의 크기 조절방법

일반직으로 큰 음성은 열정이나 확신을 나타내고, 작은 음성은 자신감이 부족하다고 알고 있다. 하지만, 보통 사람들은 음성크기를 조절하지 않는다. 크게 말하는 사람은 항상 크게만, 작게 말하는 사람은 항상 작게만 말하는 경향이 있다. 너무 소리가 커서, 주위에서 불쾌하다고 한 적은 없는지, 큰 목소리로 과장된 느낌을 주는 것은 아닌지 자신을 돌아보자. 자기 자신이 낼 수 있는 소리 중 가장 큰 소리와 작은 소리를 찾아보도록 한다.

[3단계 크기 조절연습]
안녕하세요(25) - 안녕하세요(50) - 안녕하세요(75)

[5단계 크기 조절연습]
잔잔한 바다(20) - 바람 부는 바다(40) - 넘실대는 바다(60) - 출렁이는 바다(80) - 파도치는 바다(100) - 출렁이는 바다(80) - 넘실대는 바다(60) - 바람 부는 바다(40) - 잔잔한 바다(20)

> **Tip!**
> 대중 앞에서 말할 때와 일대일 면담에서의 목소리 크기는 당연히 차이가 나야 하는데, 워낙 목소리가 크거나 작은 사람은 조절하기가 어렵다. 거리조절과 더불어 목소리 크기조절을 연습하는 방법을 추천한다. 두 사람이 0.5m 정도의 떨어진 거리에서 마주보고 대화를 한다. 그 다음 서로 마주본 채 한 걸음씩 뒤로 가서 다시 대화를 이어간다. 이런 식으로 한 걸음 한 걸음 뒤로 가면서 대화를 하다보면 청중과 어느 정도 거리에서 어떤 크기로 목소리를 내야하는지 알 수 있게 된다. 보통 사적인 이야기를 나누는 거리는 0.45~2m, 대중 앞에서 말할 때의 거리는 2~6m정도이다.

:: 깊은 맛을 내는 포즈

포즈는 '띄어 읽기'와 '강조하고 싶은 단어 앞에서 말을 잠시 멈추기'로 나누어진다. 문장 내에서 어느 부분을 띄어 읽느냐에 따라 뜻이 완전히 달라지기도 한다.

다음 두 문장을 읽어보자.

철수는 진호와 우진이를 밀었다.
민수는 물을 마시며 뛰는 정수를 응원했다.

어느 부분을 띄어 읽었는가? 이 문장들은 각각 두 가지 뜻이 포함되어있다.

① 철수는 ∨ 진호와 우진이를 밀었다.
② 철수는 진호와 ∨ 우진이를 밀었다.

③ 민수는 ∨ 물을 마시며 뛰는 정수를 응원했다.
④ 민수는 물을 마시며 ∨ 뛰는 정수를 응원했다.

①, ②는 밀고 밀린 사람의 수가 차이가 나게 되는데, 민 사람은 ①에서는 철수 혼자서, ②에서는 철수와 진호, 두 명이 된다. ③, ④는 물을 마신 사람이 바뀌게 되는데 ③에서는 정수가, ④에서는 민수가 물을 마신 사람이 된다.

문장에서의 '뛰어 읽기'는 대화 맥락에서 뜻이 파악되는 경우가 많다. 하지만, '강조하고 싶은 단어 앞에서 말을 잠시 멈추는 포즈'는 의도적으로 연습을 해야 실전에서 자연스럽게 사용할 수 있다. 이 포즈를 잘 사용하면 말의 깊은 맛을 내준다. 이때의 0.5초의 포즈는 다음 단어에 대한 궁금증을 가지게 할뿐만 아니라 강조하는 역할을 한다. 또한 대답하기 전의 포즈는, 미리 준비한 답변일지라도 진지하게 생각하고 답을 하는 느낌을 상대방에게 줄 수 있다.

> 저의 가장 큰 장점은 / 열정과 도전입니다.
> 제가 가장 빛날 수 있는 곳은 / 서울시라고 생각했습니다.

Tip!

면접 시!

면접관이 "왜 지원했나?"라고 물으면, 대부분의 지원자들은 1초도 머뭇거리지 않고 "네, 제가 지원한 이유는~"하고 대답하기 바쁘다. 이런 모습은 외운 것을 말하는 것처럼 보이거나, 신중함이 부족해보여 진지하지 못하다는 인상을 심어줄 수 있다. 질문을 받고 나서, 머릿속에 정리하고 포즈를 둔 뒤, 자신감 있는 표정으로 답을 한다면 똑같은 대답이라도 훨씬 깊이가 있어질 것이다.

:: 강조에 따라 달라지는 뜻

한 문장에서 속도, 크기, 포즈를 이용해 한 음절을 강조하면, 뜻이 달라지기도 한다. '나는 당신을 사랑한다고 말하지 않았어.'를 밑줄이 그어진 부분을 강조해서 읽어보자.

① <u>나는</u> 당신을 사랑한다고 말하지 않았어.
② 나는 <u>당신을</u> 사랑한다고 말하지 않았어.
③ 나는 당신을 <u>사랑한다고</u> 말하지 않았어.
④ 나는 당신을 사랑한다고 <u>말하지</u> 않았어.

어느 부분에 강조를 하느냐에 따라, 뜻이 달라진다.

① 내가 아니라 다른 사람이 당신을 사랑한다고 말했어.

② 나는 당신이 아니라 다른 사람을 사랑한다고 말했어.

③ 나는 당신을 사랑이 아니라 그냥 좋아한다고 말했어.

④ 나는 당신을 사랑한다고 말로 직접적으로 한 적은 없어.

평소에 강조를 정확하게 하지 않아 의사소통의 문제가 생긴 적은 없었나? 나는 어떤 강조 방법을 자주 쓰는지 이번 기회에 정확히 알아보자.

Tip!

면접 시!

모의면접에서 학생들의 자기소개를 들어보면, 긴장한 나머지 모두 첫 음절인 '저는'에만 강조를 하고 있었다. 과연 그 문장에서 가장 핵심적인 부분이 '저는'이었을까? 미리 준비한 자기소개가 있다면 꺼내서 한 문장에서 강조해야 할 부분에 밑줄을 그어보자. 이때 강조는 크게 말하거나, 강조하고 싶은 단어 앞에 포즈를 두거나, 강조하고 싶은 단어만 속도를 천천히 하는 방법 중 하나를 택하면 된다.

저를 색으로 표현한다면, <u>검정색</u>이라고 할 수 있습니다.
저는 5년 전부터 꼭 <u>서울시</u>에서 일하고 싶다는 꿈을 키웠습니다.
친구들은 저를 '<u>꿈 많은 사나이</u>'라고 부릅니다.

:: 연습 원고

〈교통정보 1〉

오전부터 내린 비로 노면이 상당히 미끄럽습니다. 이 탓에 곳곳에서 사고소식이 들려오고 있는데요. 영등포구청과 영등포경찰서 사이에는 버스와 승용차 간의 추돌사고가 있었습니다. 사고여파로 영등포경찰서를 중심으로 양방향에서 정체가 되고 있습니다.

도시 고속도로 중에서는 내부순환로 이용이 불편합니다. 내부순환로 성수방면으로 홍지문터널 안에 승용차 고장차량이 있는데요. 1개 차로가 차단되어 있고 사고 여파로 터널 입구에서부터 정체가 이어지고 있습니다.

계속해서 한강 주변 상황 살펴보겠습니다. 강변북로는 구리방면으로 서강대교 일대에서부터 느린 걸음하고 있습니다. 올림픽대로는 여의도구간 이후부터 정체가 계속되고 있는데요. 특히나 반포대교에서부터 영동대교까지 정체가 되고 있습니다. 반대방면 공항 쪽으로 이동하는 차량들 역시나 영동대교 일대 지나기가 어렵습니다. 영동대교 이후 특히 성수대교에서 반포대교까지 쭉 정체가 이어지고 있습니다.

하루 종일 내리고 있는 비 때문에 가시거리도 8km정도로 짧습니다. 가시거리 넉넉히 확보하시고 안전운전 하시기 바랍니다. ○○○ 교통정보였습니다.

〈교통정보 2〉

강변북로, 올림픽대로 모두 정체가 상당합니다. 낮 2시가 맞나 싶을 정도인데요. 현재 자유로 일대는 사고까지 있어서 더 지나기가 어렵습니다. 문산에서 일산 방향으로 김포대교 200m 못간 지점에서는 승용차 간의 3중 추돌사고가 있었는데요. 이 사고 여파로 김포대교 일대 통과하기가 상당히 어렵습니다.

올림픽대로도 현재 잠실 쪽으로 강일 나들목 부근에서 사고가 있었습니다. 승용차가 옆으로 넘어진 사고가 있었는데요. 사고는 처리 됐지만, 천호대교 일대에서부터 속도가 뚝 떨어져 있습니다.

낮 시간대 공사 때문에 지나기 어려운 곳도 있습니다. 강변북로인데요. 구리방향으로 반포대교 조금 못간 지점에서는 한 개 차로를 막고 현재 차선 긋는 작업이 진행 중입니다.

지선도로 중에서는 방학로 일대도 상당히 지나기 어렵습니다. 상계교에서 방학 사거리 방향으로 방학지하차도 안에서 도로보수공사 중에 있는데요. 지하차도 안에서 하는 작업이기 때문에 사고 위험이 다소 높습니다. 이 일대 지나실 때 안전운전 신경 써 주시기 바랍니다. ○○○ 교통정보였습니다.

〈교통정보 3〉

57분 교통정보입니다. 벌써부터 도심에서 강남 쪽으로 넘어가기도 어렵습니다. 반포로는 이태원지하차도에서 시작된 정체가 한강중학교 앞까지 이어지고 있고, 이후에도 반포고가차도에서 서울 성모병원 앞 사거리까지 정체입니다. 한남로도 이용 불편하긴 마찬가지인데요. 남산 1호터널 이전부터 시작된 정체는 한남대교 다리 건널 때까지도 속도내지 못하고 있습니다. 하지만 상대적으로 동호로는 여유 있는 편이니까요. 도심에서 강남 쪽 가신다면 반포대교나 한남대교보다는 동호대교로 우회하는 것도 좋을 것 같습니다. 지금까지 ○○○ 교통정보였습니다.

〈날씨정보 1〉

5월에 딱 어울리는 쾌청한 날씨입니다. 오늘도 전국의 가시거리가 20킬로미터 이상으로 트이면서, 하늘이 참 맑았는데요. 내일도 맑고 낮 동안에 따뜻한 초여름날씨가 이어지겠습니다. 다만, 동해안 지방에는 북동기류가 유입되면서 당분간 저온현상이 이어지겠습니다. 내일 대관령과 태백의 아침 기온은 5도로 평년 기온을 3도에서 5도가량 밑돌겠고, 일교차 또한 15도 안팎으로 크게 벌어지겠습니다.
내일 전국이 대체로 맑은 가운데 곳곳에 구름이 조금 지나가겠고, 아침에는 안개 끼는 곳이 많겠습니다. 또 동해안의 높은 파도는 조금씩 낮아지고 있는데요. 내일까지도 너울성 파도에는 주의하셔야겠습니다.
내일 아침 기온 서울과 광주 14도, 전주 12도로 오늘과 비슷하겠습니다. 내일 낮 기온은 서울 22도, 청주 24도로 오늘보다 조금 낮겠지만, 따뜻하겠습니다.
이번 주말에는 대체로 흐리겠고, 휴일에는 중서부지방에 약한 비가 지나겠습니다. 주말계획에 참고하시기 바랍니다. 날씨였습니다.

〈날씨정보 2〉

요즘 조금 덥긴 해도 하늘은 무척 화창하죠. 오늘도 전국적으로 맑은 하늘 보실 수 있겠습니다. 뜨거운 볕이 내리쬐면서 낮 동안에는 더운 날씨가 이어지겠는데요. 서울의 기온이 27도, 대구는 30도까지 치솟겠습니다. 이 열기 때문에 대기가 불안정해지면서 호남 일부 내륙에서는 소나기가 오는 곳이 있겠습니다.

구름의 모습입니다. 오늘 아침도 전국이 쾌청하지만 일부 해안과 내륙지방을 중심으로 옅은 안개가 끼어 있습니다. 오늘도 계속해서 동서로 폭넓게 자리한 고기압의 영향을 받겠는데요. 따라서 전국이 화창하겠고요. 강한 자외선도 예상되는 만큼 외출하실 때는 대비를 잘 하셔야겠습니다.

남부지방은 오후에 구름이 많아지면서 호남 내륙에서는 소나기 가능성도 높습니다. 낮 기온은 크게 오르면서 일교차가 커지겠는데요. 서울 대전 전주 27도, 대구는 30도까지 올라, 덥겠고요. 동해안지방은 강릉 26도로 평년 기온을 회복하겠습니다. 바다의 물결은 전 해상에서 잔잔하겠고, 안개가 짙게 끼겠습니다.

당분간은 맑은 날씨 속에 초여름 더위가 기승을 부리겠는데요. 아침저녁으로 큰 일교차에 대비하셔야겠습니다. 날씨정보였습니다.

〈날씨정보 3〉

요즘 소나기 소식이 잦습니다. 오늘 낮 동안에도 중서부 지방을 중심으로 약하게 소나기가 지나거나 산발적으로 빗방울이 떨어지는 곳이 있겠는데요. 하지만 내리는 시간도 짧고 양도 많지 않아서 크게 불편을 주진 않겠습니다.

지금 중부지방에 끼어 있는 소나기구름은 점차 약해지고 있습니다. 하지만 저녁 무렵에는 영남 내륙을 중심으로 대기가 불안정해지면서 소나기구름이 발달하겠습니다. 따라서 오늘 중서부지방 곳곳에 약하게 소나기가 오는 곳이 있겠고요. 영남 내륙에서도 늦은 오후 한 때 소나기가 지날 가능성이 높습니다. 제주도는 장마전선의 영향으로 저녁부터 비가 내리겠습니다. 날씨정보였습니다.

제2장 _ 상황별 대화의 기술

:: 개방형 질문과 폐쇄형 질문

레스토랑이나 커피숍에 가면 선을 보는 남녀를 발견할 수 있는데, 대화를 이끄는 사람의 화법에 따라 맞선의 성패가 결정된다. 맞선 장소에서 한 남자가 여자에게 한 질문들이다.

"오늘 오시기 힘드셨죠?"
"여기 와 보셨어요?"
"안심 스테이크 괜찮으시죠?"
"선은 자주 보세요?"

이 질문에서 나올 수 있는 답은 "예." 아니면 "아니요."이다. 이런 질문이 생활화되어 있다면, 상대방의 이야기를 끌어내기 어렵다. "스테이크 좋아하세요?"가 폐쇄형 질문이라면, "어떤 음식 좋아하세요?"는 여러 답이 나올 수 있는 개방형 질문이다. 첫 번째 질문은 "예."라고 답한다면 두 번째 질문에는 "스테이크, 김치찌개, 한식, 양식..." 셀 수 없이 많은 경우의 수가 나오게 된다. 상대가 "한식 좋아해요." 라고 하면, "저도 한식 좋아합니다. 특히 찌개요. 저는 된장찌개 좋아하는데... 어떤 찌개 좋아하세요?" 식으로 들은 이야기 중에서 또 질문을 이어 나가고, 자신의 경험을 이야기하게 되면 이게 바로 주고받는 대화의 시작인 것이다.

대화의 시작은 질문이다.

그렇다고 항상 개방적 질문만 해야 한다는 것은 아니다. 빠른 결과를 필요로 할 때, 예를 들어 법정에서는 "돈을 빌려 주셨습니까?", "차용증을 쓰셨습니까?", "증인이 있습니까?"처럼 "예, 아니요."로 대답하는 폐쇄형 질문이 효과적이다. 상대가 마음을 좀처럼 쉽게 열지 않고 말을 하려고 하지 않을 때에도, 폐쇄형 질문으로 상대의 말문을 열다가 점점 개방형 질문으로 바꾸어 나가면 대화가 잘 풀리는 것을 느낄 수 있을 것이다.

면접 시!

지원자가 면접관에게 질문할 경우는 거의 없다. 하지만, 이런 질문 기법을 역으로 이용할 수 있다. 면접관이 폐쇄형 질문을 주로 한다면, 당신은 "예, 아니요." 만 면접에서 말하고 집에 돌아올 것인가? 면접관이 개방적 질문을 하든 폐쇄형 질문을 하든 휘둘리지 않아야 한다. 만약 "여자 친구 있습니까?"라는 질문의 답에 질문의 형식에 맞게 "있습니다.", "없습니다."까지만 하고 침묵을 지켰는데, 그 다음 질문이 다른 지원자에게로 넘어간다면 한 번 온 기회를 놓친 것이다. 폐쇄형 질문도 개방형으로 답하는 것이 면접에서의 법칙이다. "아쉽게도 여자 친구가 없습니다. 이 회사에 입사를 준비하면서 합격할 때까지는 그 어떤 욕심도 가지지 않기로 제 자신과 약속했습니다. 합격한 후에는 여자 친구를 만들 계획입니다. 꼭 연애하게 해주십시오!"라고 하면 내용은 똑같지만 훨씬 돋보이지 않을까?

길에서 호객행위를 하는 사람들의 첫 질문은 대답하기 쉬운 폐쇄형 질문들이다. "대학생이시죠?", "지하철 타시러 가는 거죠?"의 질문으로 일단 상대방이 "예"라고 하기를 기다렸다가, 호객행위를 시작하는 것이 대부분이다.

:: 양자택일을 권하는 질문

모든 대화에는 목적이 있다. 이 목적을 달성하기 위해서는 전략적인 질문이 필요하다. 뮤지컬 〈미스 사이공〉이 보러 가고 싶을 때 우리는 어떤 식으로 질문을 할 수 있을까? "뮤지컬 보러 갈래요?"라는 질문에는 "예, 아니요."라는 답이 나오겠지만 "아니요."라는 답이 나올 확률이 반반이다. "어떤 뮤지컬 보러 갈래요?"의 경우, 뮤지컬 자체에 대한 관심이 없다면 원하는 방향으로 이끌기 힘들다. 내가 원하는 것이 정해져 있을 경우, 양자택일을 권하는 질문을 하면 목적지에 빨리 도달할 수 있다.

"뮤지컬 〈캣츠〉 볼래요, 〈미스 사이공〉 보러 갈래요?"

이 질문을 하면, 상대방은 머릿속에 〈캣츠〉와 〈미스 사이공〉 두 가지 중에 고르는 고민만 하게 된다. 뮤지컬을 볼지 안 볼지에 대한 고민을 하지 못하게, 뮤지컬을 본다는 전제 하에 두 가지 중에서 하나만 고르게 하는 방법이다. 운동이나 해볼까하고 헬스클럽을 둘러보러만 갔는데, 등록을 하고 온 자신을 발견한 적이 있는가? 백화점에 신상품 구경만 하러 갔는데, 두 손 가득 쇼핑백을 들고 온 적이 있는가? 서비스직에 있는 사람들은 고객이 선택을 할까 말까 고민할 때에, 이 양자택일 질문을 해서 물건을 구입하게 만든다.

"오늘 등록하시겠어요?"
"오늘 등록하시면 운동복 대여가 무료인데, 1개월 등록하시겠어요, 3개월 등록하시겠어요?"

"이 구두 구입하겠어요?"

"이 구두 정말 편해서 다들 몇 개씩 사가세요. 분홍색으로 하시겠어요? 검정색으로 하시겠어요?

만약 A와 B중에서 B를 내가 더 추천하고 싶다면, "A를 하시겠어요, B를 하시겠어요?"처럼 B를 후자에 두도록 한다. 사람들은 최근에 들은 것을 더 잘 기억하고 말하는 습관이 있다. 물건을 구입할 때 "카드로 하시겠어요, 현금으로 하시겠어요?"라는 질문, 어디서 많이 들은 것 같지 않나?

:: 대답하고 싶은 질문

답변을 잘 하는 사람보다 더 능력 있는 사람은 질문을 잘 하는 사람이다. 수업 시간에 학생들의 질문능력을 향상시키기 위한 실습으로, 한 학생이 무대에 나와서 1분 자기소개를 하고 4~5명의 다른 학생들이 그 학생에게 질문을 던지는 게임을 실시한다. 이때 자기소개를 한 학생은 다른 학생들의 질문을 다 듣고 그 중 하나만 답을 해야 한다. 짧게 답을 하고 난 후, 그 학생에게 왜 이 질문에 답을 했냐고 물어보면 '대답하기 쉬울 것 같아서', '요즘 가장 관심사라서', '다른 질문들은 너무 개인적인 이야기라서' 등의 여러 이유들이 나온다. 질문을 할 때 상대에게 관심을 가지고 눈높이에 맞게 질문을 던져야 한다. 여기에서 포인트는 '상대방이 대답하고 싶은 질문'을 해야 한다는 것이다.

질문은,
① 내가 궁금해서 하는 질문

② 상대방이 대답하고 싶은 질문

①에서 호기심이 지나치면 어린 아이들의 질문과도 같은 형태로, 나는 궁금하지만 상대방은 대답하고 싶지 않을 수 있다. "너 어디어디 성형했니?", "그 헤어진 남자친구는 아직 연락이 한 번도 없는 거야?", "자네 회사 망했다더니, 어떻게 되는 거야?" 등의 질문이 이에 해당한다.

그리고 ②는 회사생활에서 아부형식으로 잘 사용되는데, 나는 궁금하지 않지만 상대방이 대답하고 싶은 질문을 던지는 것이다. "어머, 새로 차 구입하셨네요. 차 어때요?", "선배님, 어쩜 이렇게 피부가 좋으세요? 비법 좀 알려주실 수 있어요?" 등과 같다.

①, ②가 조화가 잘 이루어지면, 나도 궁금하고 상대방이 대답하고 싶은 성공적인 질문이 된다.

:: 큰 질문과 작은 질문

강의를 하면서도, 다른 유명강사의 강의를 들으러 가기도 하는데 특이한 화법을 하는 강사를 보게 되었다. 그는 청중들에게 "인생에서 가장 중요한 게 뭐라고 생각하십니까?"라는 애매한 질문을 던졌다. 한 사람이,

청중 - "회사에서 제가 하는 일은 인정받고 원하는 자리까지 올라가는 것입니다."
강사 - "그럼 회사에서 인정받는 게 행복이라면, 인정만 받고 돈은 못 벌어도 됩니까?"
청중 - "…돈도 벌어야죠."
강사 - "그럼 돈도 많이 벌어야 하는 것도 중요하다고 말씀하셔야죠. 그리고 가족은 인생에서 중요하지 않습니까?"
청중 - "…가족도 중요하죠."
강사 - "회사일, 돈, 가족…우리는 이렇게 인생에서 중요하게 생각하는 요소들이 많습니다."

인생에서 중요한 요소들이 많다는 이야기를 하기 위해 이 강사는 용기 내어 답한 청중을 무안하게 만들었다. "인생은 뭐라고 생각하세요?", "행복은 무엇일까요?", "돈이 의미하는 게 무엇일까요?"와 같은 유형을 큰 질문이라고 할 수 있는데, 이는 큰 공과도 같다. 큰 공을 던지면 우리는 받기 힘들어서 놓칠 수도 있다. 자신이 아는 것이 많고 자랑하고 싶은 사람일수록 큰 질문을 던지는 것을 즐기는데, 결국 이들에게 생각하는 답을 해도 결국 "그게 아니고"라고 하며 자신이 말하고자 했던 내용을 다시 설명한다. 이러한 사람 곁에는 점점 사람이 줄어들게 되는 것은 당연한 일일 것이다. 질문은 내가 알고 있는 것을 저 사람을 알고 있는지 물어보는 퀴즈가 아니다.

질문은 던질 때 작은 질문을 여러 번 던지는 것이 효과적이다. "요즘 대학생들의 가장 큰 고민은 무엇인가요?"보다는 "취업 준비를 위해 어떤 준비를 하고 있나요?", "이 전공으로 어느 기업에 어떤 직무로 취업이 가능한지 알고 있나요?" 등의 작은 질문이 훨씬 대답하기 수월하다.

모든 질문에 답변이 따라오는 것은 아니다. 연설에서 발표의 시작 부분에서 화제를 던질 때 질문을 사용하는 경우가 많은데, 이때는 큰 질문이어도 상관없다. 사람들에게 생각할 시간을 1~2초를 주고, 자신이 바로 그 질문에 대한 답을 이어 간다면 큰 질문이어도 상대방을 부담스럽게 만들지 않을 것이다.

"여러분, 행복이 뭐라고 생각하나요? (청중을 보며 1~2초 생각할 시간 줌) 돈 많이 벌기, 취업하기, 성공적인 결혼생활...이 모든 것이 행복이 될 수 있습니다. 오늘 제가 말씀드리고 싶은 행복은 자기만족입니다. 남들이 아무리 부러워하고 돈을 많이 벌어도 자기만족을 할 수 없다면 불행한 삶이겠죠?"

:: 질문의 의도 파악하기

상대방이 질문을 할 때, 왜 그 질문을 하는지 생각해본 적이 있는가? 상대방이 원하는 것이 있는데, 의도를 파악하지 못하고 대화의 맥을 끊은 적은 없는지 다음 몇 가지 대화를 보고 생각해보자.

① A - "신사동 가로수길 가는 길 아세요?"

　 B - "네, 알아요."

② A - "이탈리아 가봤어요?

　　　이번에 갔다 왔는데 정말 좋았어요."

　 B - "그래요? 난 3번이나 갔다 왔는데. 베르가모는 가봤어요?"

　 A - "거기는 처음 듣는데..."

　 B - "나는 로마나, 밀라노, 피렌체같이 알려져 있는 여행지보다 현지인들이 자주 가는 명소를 가거든요. 내가 가는 데는 사람들이 잘 모르더라고..."

①에서는 그 길을 알고 있는지를 궁금해 하는 것이 아니라, 길을 알려달라고 하는 요청이다. 가위 가지고 있냐는 질문은 가위를 빌려달라는 요청이며, 시계 있냐는 질문은 시간을 알려달라는 요청이다. ②의 A는 이탈리아

여행을 다녀온 것을 이야기하고 싶어 하는데, B가 3번이나 다녀왔다고 말하며 주도권을 빼앗는 상황이다. 주변의 대화를 들어보면 ②의 경우가 많은데, 혹시 직장상사나 윗사람이 "이탈리아 가봤어? 이번에 갔다 왔는데 정말 좋더라고."라고 질문 한다면, "이탈리아 어디 가셨어요?", "몇 박 며칠로 다녀오셨어요?" 등의 관심을 가지며 호응해야 사회생활이 원만해질 것이다.

Tip!

면접 시!

면접관의 의도를 파악하고 질문에 답을 하지 못한다면 그 면접은 실패한 것이나 다름없다. "학교 성적이 좋지 않군. 어떻게 생각하나?"에 대한 답으로 지원자들은 "죄송합니다.", "1, 2학년 때 학교에 적응을 못해서요."라고 하며 낮은 성적에 주눅이 드는 경우가 많다. 이 질문은 지원자를 파악할 정보가 대학 성적뿐인 상황에서 지원자가 회사에서도 성실도가 떨어질까 우려해서 하는 것이다.

이런 의도라면 어떤 답을 하면 좋을까? "네, 학교 응원동아리 활동에 집중한 나머지 학교성적에 신경을 쓰지 못한 점은 사실입니다. 하지만, 이를 통해 사람들과의 우정, 학교를 대표하는 사람으로서의 자세와 마음가짐을 배웠기 때문에 대인관계에 성적표가 있다면 All A+가 나왔을 것입니다. 그리고 취업을 준비한 4학년 1학기부터는 성적표에도 나와 있듯이 4.0이상을 받아왔습니다. 이 회사에 취업하고 싶은 열정만큼은 인정해주셨으면 좋겠습니다."

:: 마법의 단어 "죄송합니다만"

부탁하는 상황에서 너무 직접적으로 요청을 하다보면, 자신이 원하는 부탁이 들어지지도 않을뿐더러 상대방을 불쾌하게 만들 수도 있다. 교통체증으로 약속시간을 1시간 늦춰야 한다면 상대방에게 어떻게 말을 할 수 있을까? "차가 너무 막혀서요. 1시간만 더 기다려주세요."라고 한다면, 거절을 당할 확률이 생긴다. 어떻게든 나의 요청을 들어주게 하기 위해서는 "예"라는 답이 나오게 해야 한다. 다음의 문장들을 읽어보자.

① "조금만 더 기다려 주십시오."
② "죄송합니다만 조금 더 기다려 주십시오."
③ "죄송합니다만 조금 더 기다려 주시겠습니까?"
④ "죄송합니다만 기다려 주실 수 있으신지요?"

①이 명령적인 느낌이라면, ④로 갈수록 청유형이 되며, 점점 부드러워지고 고개도 점점 내려가는 겸손한 느낌을 줄 수 있다. "죄송합니다만"이라는 표현으로 곤란한 상황에 대한 사과를 미리 하고, 내가 상대에게 원하는 행동을 청유형으로 묻는다면, 상대가 어쩔 수 없이 "예."라고 대답할 확률이 높다. "죄송합니다만" 대신에 상황에 맞게 "번거로우시겠지만", "괜찮으시다면", "수고를 끼쳐드려 죄송합니다만"을 써서 사용해보자.

"번거로우시겠지만, 다시 한 번 작성해주시겠습니까?"

“괜찮으시다면, 이 책을 빌려가도 되겠습니까?”
“수고를 끼쳐드려 죄송합니다만, 복사를 해도 되겠습니까?”

부탁하는 상황에도 “죄송합니다만”이 사용되지만, 거절하는 상황에서도 효과적으로 사용할 수 있다. 거절은 상대방의 요구, 제안, 부탁을 받아들이지 않고 물리치는 상황이다. 상대방의 체면을 손상시킬 수도 있기 때문에 원만한 대인관계를 위해서는 부드럽게 거절하는 방법을 알아야 한다. 거절의 3단계, 죄송합니다만 + 거절하는 이유 + 대안책의 순서를 지켜 거절을 해보자. 대안책은 청유형일수록 “예”라는 답변이 나올 확률이 높다.

부탁 - 이 자재를 15% 할인해 주면 안 될까요?
거절 - “죄송합니다만, 가격을 깎아드리기는 힘들겠는데요. 대신 괜찮으시다면 이 상품을 서비스해 드릴 수는 있습니다만, 어떠세요?”

"죄송합니다만" 대신에, "공교롭게도", "모처럼 부탁하셨는데", "사정은 이해합니다만"을 써서 사용해보자.

부탁 - "백만 원만 빌려주면 안 될까?"
거절 - "공교롭게도, 저도 이번 달 월급이 줄어들어서 빌려야 할 상황
　　　이라서요. 다른 사람에게 물어보면 안 될까요?"

부탁 - "나, 지방 출장가야 하는데 차가 수리 중이라서, 차 좀 빌려
　　　줄 수 있나?"
거절 - "모처럼 부탁하셨는데, 오늘 동생이 차를 들고 어딜 가버렸어
　　　요. 다음에 부탁하시면 그 때 빌려드리면 안 될까요?

세상 모든 사람들의 부탁을 들어줄 수 있는 능력이 있고, 손해 봐도 속상하지 않다면 몰라도 싫은 것을 억지로 해서 서로 불편한 것보다는 미리 거절하는 것이 예의이다. 거절을 제대로 하지 않아 상대방은 해결해주리라 기대를 하게 되고, 자신 역시 불편해서 피하게 된다면 대인관계가 점점 좁아지게 된다. 상대방이 기분 나쁘지 않게 부탁도 하고 거절도 한다면, 서로서로 마음의 무게를 덜 수 있게 되지 않을까?

:: 긍정적인 표현으로 분위기를 이끌자.

　항상 푸념만 하고 불평 불만이 많은 사람을 만나면 자신도 모르게 그 사람의 우울한 기운이 전달되어 기분이 좋지 않았던 기억이 있을 것이다. 인사말로 건넨 "잘 지내지?"에 대한 답변도 "그냥 사는 거지, 뭐. 잘 지내는 게 어떤 건지 모르겠다."처럼 부정적으로 답하는 사람과 "그럼, 잘 지내지. 요즘만 같으면 좋겠어."라고 밝고 긍정적으로 답하는 사람이 있다면, 어떤 사람과 자주 만나고 싶을까.

　겸손함이 지나쳐 부정적인 표현을 하게 되는 경우가 있다. 한여름, 부산 해운대 소재 호텔에서 강의하게 된 적 있다. 맑은 날씨를 예상했는데, 갑자기 비가 내려 바깥은 우중충했다. 이럴 때 사람들에게 어떤 말부터 하겠는가? 나는 강의를 시작하는 말로,

　"날씨가 너무 맑으면 강의 듣다가 여러분들이 해운대 바닷가로 나가고 싶어 질까봐 걱정했는데, 다행히 비가 오네요. 이렇게 비가 오는 날은 실내에 있는 게 훨씬 좋습니다. 아마 2시간 강의 듣고 나면 비가 그칠 것 같은데요. 촉촉한 기분, 참 좋습니다."

　이런 경우에도 "비가 많이 와서 오시는 길 불편하셨죠?", "부산까지 오셨는데, 날씨가 참 안 따라주네요." 등의 불쾌한 표현을 쓰는 사람들이 많다. 똑같은 상황도 긍정적인 표현으로 바꿔 쓰면 서로의 기분이 훨씬 좋아질 것이다. 무심코 쓰는 단어 역시 상대방을 언짢게 할 수 있다는 것을 기억하자. 아래에 긍정적인 표현으로 바꿔 쓰는 예를 제시했다.

화살표로 완화시킬 수 있는 표현들

마른 사람 → 날씬한 사람
늙은이 → 어르신
싸구려 → 저렴한
고집이 센 → 소신 있는

Tip!

면접 시!

자신의 긍정적인 면만 부각시켜 포장을 잘 해도 모자란 면접 시간에, 굳이 부정적인 메시지를 전달하지는 말자. "4학년이라 아는 것은 별로 없지만", "경력이 없어서 아직 제 능력을 발휘하지는 못하겠지만", "전공이 달라서 해당 분야의 이론적 지식은 부족하겠지만" 등의 표현은 절대 사용하지 말자. 하고 싶은 말 앞에 이러한 표현을 쓴다면, 자신은 아는 것도 없고, 능력도 제대로 발휘하지 못하는 사람이라고 면접관에게 전하는 것과 같다.

대신, 자신감이 느껴지는 긍정적인 표현을 사용하자. "나이는 많지만, 그만큼 대인관계나 업무에 있어서는 다른 지원자보다 뛰어날 것이라 생각합니다.", "10년 뒤, 이 회사에서 가장 열심히 일하는 사람은 바로 저일 것입니다.", "저는 ○○의 직원으로 준비된 사람입니다.", "만약 인턴이라도 기회를 주신다면 열심히 노력해 보겠습니다."와 같이 자신 있게 대답하는 지원자에게 마음이 가는 것은 당연한 일일 것이다.

:: 너-전달법(You-Message)보다는, 나-전달법(I-Message)을 이용하자.

나-전달법은 주어가 일인칭이 '나'로 시작하는 문장으로 대화하는 방법으로, 문제가 되는 상대방의 행동을 직접적으로 공격하지 않으면서 자신의 감정과 생각을 전달할 수 있는 화법이다. 의사소통에서 문제가 되는 상황은 대부분 주어가 '너'로 시작하는 너-전달법이다.

예를 들어, 지각을 자주 하는 동료에게 할 수 있는 말은 "(너) 지각 좀 하지 마.", "(너) 일찍 좀 다녀."일 것이다. 비록 괄호 부분이 생략되어있지만 상대방에서 직접적으로 책임을 지우는 너-메시지인 것이다. 이러한 너-메시지를 나-메시지로 바꾸어서 말하게 되면, 상대의 체면도 상하지 않고, 나의 전달효과도 더 확실해진다.

나-전달법은 1단계: 상대방의 행동, 2단계: 그 행동이 미치는 영향, 3단계: 그 결과에 대한 나의 느낌이나 감정을 단계별로 말하는 것이다.

"지각 좀 하지 마"를 나-전달법으로 만들면

1단계: "네가 자꾸 지각을 하니까"
2단계: "사람들이 너에 대해 말들이 많아."
3단계: "나는 그런 네가 걱정이 된단다."로 바뀐다.

"컴퓨터 게임 그만 해"를 나-전달법으로 만들면

1단계: "네가 컴퓨터 게임을 너무 오래 하니까"
2단계: "불빛 때문에 내가 잠을 잘 수가 없어."
3단계: "요즘 잠이 부족해서 너무 스트레스를 받아."가 된다.

나-전달법은 너-전달법에 비해 덜 공격적이기 때문에, 부드러운 대화를 이끌 수 있다. 강한 것만이 확실한 방법이라는 생각을 버리자.

제3장 _ 성공적인 프레젠테이션 기술 

:: 설득으로 이끄는 발표의 기술

취업을 할 때에도 회사에 들어가서도 프레젠테이션을 할 기회가 많다. 흔히 사람들 앞에서 파워포인트나 영상물과 함께 말하는 것을 프레젠테이션이라고 생각하지만, 앞에서 말하는 것 중 설득이 포함된 말하기는 모두 프레젠테이션에 해당된다고 볼 수 있다. 프레젠테이션은 기본 스피치 기술 외에도 설득 기술이 필요한데, 이 기술들이 잘 어우러져야 발표자가 원하는 바를 이룰 수 있다.

취업에서는 자신을 뽑아달라는 내용으로 설득을, 회사에서 본인 부서의 계획서가 아주 훌륭하다는 내용으로 설득을 하는 것일 뿐, 차이는 없다. 발표자가 전하고자 하는 내용을 제안하고, 청중이 그 내용을 긍정적으로 받아들이게 하는 것에 목적이 있다.

보통 발표자가 하는 착각 3가지

1. 청중들은 자료를 보니까, 나는 준비한 원고를 그대로 읽으면 될 거야.
2. 자료를 틀리지 않고 읽으면 청중들이 이해를 잘 하게 될 거야.
3. 발표내용만 확실하게 준비하면 어떤 청중이라도 설득시킬 수 있을 거야.

:: 발표자의 역할

착각 1. 청중들은 자료를 보니까, 나는 준비한 원고를 그대로 읽
　　　　으면 될 거야.

　빔 프로젝트를 이용한 자료로 발표를 할 때, 발표자는 구석에서 내용만 읽는 경우가 있다. 발표의 주인공은 발표 자료가 아니라 발표자이다. 발표자가 인사를 할 때에도 청중이 자신을 다 볼 수 있게 중간으로 위치해서 주인공임을 알리자.

　발표에서 실패하기 쉬운 사례가, 발표자는 자신의 원고를 보고 읽고 청중은 화면에 있는 자료나 발표집을 보는 것이다. 발표자는 청중과 눈빛교환에도 실패하게 되고, 청중은 눈으로 이미 자료를 다 읽었기 때문에 발표자의 말이 지루하게 느껴진다. 무슨 일이 있어도 원고는 다 숙지하고, 발표 자료의 순서만 적힌 종이를 가지고 개요위주의 발표를 준비해야 한다. 이미 다 나와 있는 내용을 육성으로만 듣기 위해 발표장에 오는 청중은 없을 것이다. 종이나 화면에 나와 있지 않은 그 무엇을 발표자는 보여 주어야 한다.

:: 입말로 전달하기

착각 2. 자료를 틀리지 않고 읽으면 청중들이 이해를 잘 하게 될 거야.

원고를 보고 읽는 것보다는 청중이 보고 있는 화면을 같이 보며 읽

는 것이 효율적이다. 원고에는 조사 하나, 예시 하나가 모두 적혀져 있기 때문에 하나라도 빠뜨리면 순서에 맞지 않게 다시 읽어야 한다는 강박관념에 휩싸이게 된다. 화면에 적힌 내용 위주로 읽되, 그대로 똑같이 읽으면 발표자의 역할이 없어지기 때문에 글로 쓰여 있는 내용을 입말로 바꾸어 주어야 한다.

예〉 프레젠테이션 = 제안형 스피치
　　　　　　　　설득 스피치

"프레젠테이션은 제안형 스피치, 설득 스피치입니다."라고 그대로 읽기보다, "프레젠테이션은 청중에게 자신의 의견을 제안하고, 설득으로 이끄는 스피치라고 할 수 있습니다."로 살아 있는 스피치를 해야 한다. 글에는 "아르바이트를 하는 등 여러 노력을 하였고, 그로 인해 등록금을"이라고 되어 있더라도, 입말로 바꿀 때는 "~하는 등", "하였고", "그로 인해" 등과 같은 글말을 "~하면서", "했고", "그 결과로"의 입말로 자연스럽게 풀어쓰면 청중은 보다 더 이해가 잘 될 것이다. 특히 우리말에는 음운축약이 있어 "하여" → "해", "보아" → "봐", "되어" → "됐"으로 입말에서는 줄여서 발음해야 더 자연스럽다. 그 차이를 알고 싶다면 다음 문장들을 소리 내어 읽어 보자.

> 글말: 여기를 보아주십시오. 저희 업체는 1987년 개업하여, 지금은 200명이 넘는 사원을 확보하게 되었습니다.
> 입말: 여기를 봐주십시오. 저희 업체는 1987년 개업해, 지금은 200명이 넘는 사원을 확보하게 됐습니다.

발표할 때 입말이 효과적이라고 했지만, 글말을 그대로 소리 내어 전달해야 하는 경우도 있다. 기자회견, 대변인이 하는 발표에서는 단어 하나, 조사 하나에 따라 뉘앙스가 달라지기 때문에 미리 준비한 원고를 그대로 읽는 것이 전달력을 높인다.

:: 청중 분석하기

착각 3. 발표내용만 확실하게 준비하면 어떤 청중이라도 설득시
       킬 수 있을 거야.

혼자 연습할 때는 완벽했는데, 청중 앞에서 발표할 때 무언가 전달이 잘 안되고 있다는 생각이 들 때가 있다. 원고를 완벽히 숙지하고, 자료도 부족함이 없고, 발표자의 컨디션도 최고인데, 무엇이 문제였을까? 바로 청중에 대한 정보가 부족해서이다. 프레젠테이션은 발표자·내용·청중 이 3박자가 잘 맞아야 다음 단계로 넘어갈 수 있다.

발표자의 스피치, 내용까지 준비했다면 청중에 대해서 알아보자. 취업에서 프레젠테이션을 할 때에 청중은 자신보다 나이가 많고 해당 전문지식이 높다는 것을 예상할 수 있다. 회사생활을 하며 프레젠테이션을 할 때에는 프레젠테이션을 의뢰한 부서에 청중에 대한 정보를 물을 수 있다.

이 때 확인할 내용은 다음과 같다.
- 청중 인원수, 연령, 성별
- 청중 학력, 전공
- 발표자와 청중의 관계

청중의 인원수에 따라 발표자는 피드백 차이를 느끼게 된다. 15명 이하의 소규모라면 개별적으로 눈빛과 의견을 교환할 수도 있고, 청중의 상태를 빨리 파악할 수 있게 된다. 반면 청중의 규모가 커지면 장소 역시 발표자의 무대와 청중으로 구분되어 있어서 피드백이 어려워진다. 피드백이 적을수록 발표자는 자신이 준비한 내용만 전달하게 되어 예상 시간보다 빨리 끝날 수도 있다는 점을 기억하고, 내용 준비를 넉넉하게 준비하도록 한다.

청중의 나이가 발표자보다 아래이거나 비슷하면 말의 속도를 조금 빠르게 하고, 최신 유행어나 단어들을 사용하면 동질감을 불러 일으켜 거리를 좁힐 수 있다. 나이가 한참 어린 청중 앞에서 발표하더라도 꼭 존칭을 사용하도록 해서 반발감 갖게 하지 말자. 발표자보다 나이가 많을 경우는, 말의 속도는 조금 느리게 하고, 정확한 발음과 경어 사용에 신경 쓰도록 한다. 언어 습관이 잘못 되어 있는 사람은, 어미가 부정확해서 반말처럼 들릴 수도 있는데, 윗사람에게 무례하게 보인다는 것을 명심하자.

“그러니까…이 방법이 안 어려운데…사람들이 쉽지 않다고 생각하는
거지…아마 다들 그렇게 생각할 텐데…한 번 해보면 생각이 달라지니
까…이번 기회에 한 번 사용해보라고 하는 건데…”

본인은 반말을 했다고 생각하지 못하겠지만, 듣는 사람은 거북하게
느끼고 무시당하고 있는 생각을 지울 수 없을 것이다.
공식적인 말하기에서는, -다, -까 체 위주를 사용하도록 하자.

“사실 이 방법이 그리 어렵지는 않습니다. 지금 여기 계신 분들도 쉽
지 않다고 생각하실 텐데, 직접 한 번 사용해보시면 생각이 달라지실
겁니다.”

청중의 성별을 미리 알게 된다면, 발표자가 예문을 만들 때 청중이
호응할 만한 내용으로 분위기를 이끌 수 있다. 남성 청중이 많은데, 예
를 쇼핑으로 든다거나, 여성 청중이 많은데 군대 에피소드로 이야기를
한다면 공감대를 형성하기 어려울 것이다.
청중의 학력에 따라 단어 선택도 달라진다. 고학력일 경우 외국어 사
용과 전문지식 단어를 사용해도 되지만 그렇지 않을 경우는 발표자가
잘난 척 하는 것으로만 보이기 때문에 학력사항으로 미리 알아둘 필요
가 있다. 전공에 따라서는 결론을 도출하는 과정이 달라지는데, 이과계
통은 핵심부터, 결론부터 전달해야 하고, 문과계통은 과정을 먼저 설명
하고 결론을 이끄는 전달을 선호한다. 실제 취업면접에서도 이과계통
은 “학교 성적이 왜 이렇게 안 좋습니까?”, “대학시절 가장 보람된 순간
은?”과 같이 눈에 보이는 것을 묻는다면, 문과계통은 “만약 1억 원이 생
긴다면 무엇을 하고 싶습니까?”, “버스에 아이를 업은 여성과 지팡이를

짚은 할머니가 있다면 누구에게 자리를 양보하겠습니까?"와 같이 정답이 없는 질문을 해 지원자의 성격을 파악하려고 한다.

발표자와 청중은 설득하느냐 당하느냐의 관계이기 때문에, 자신과 어떠한 이익관계의 청중이 들어오는지 알아두어야 한다. 특히 가장 큰 영향력을 가진 사람을 염두에 두고 그에 맞게 발표내용과 속도를 조절할 필요가 있다. 그리고 청중이 원하는 것을 파악하여 청중 중심으로 발표를 전개해야 한다. "내"가 전하고자 하는 게 아니라 "여러분과 함께" 나누고 싶은 내용이 되어야 한다. "나 vs 회사", "내 회사 vs 당신네 회사" 로 이분법으로 나누는 것보다 "우리"라는 큰 틀 안에 포함시키는 것이다. "우리는", "여러분과 저는", "저는 우리 ○○를 위해서" 등의 단어를 자연스럽게 사용한다면 청중은 하나 된 느낌을 전달받을 수 있게 된다.

발표자는 절대 자신이 청중보다 더 나은 사람이기 때문에 앞에서 말을 하고 있다는 생각을 하면 안 된다. 우월의식에 빠진 발표자는 "여러분이 아실지 모르겠지만", "제가 가르쳐드리겠습니다." 등의 표현을 사용하지만, 겸손함이 묻어나는 발표자는 "여러분도 아시겠지만", "제가 알려드리겠습니다." 등으로 청중을 존경하는 표현을 사용한다.

:: 시간 엄수도 발표 기술

보통 발표는 시간이 정해져있다. 15분이면 15분, 30분이면 30분 정확하게 맞추어야 한다. "알아서 시간을 더 주겠지"라는 생각으로 준비했다가, 정작 가장 중요한 결론을 말하지 못한 채 끝이 나버릴 수 있다. 요즘은 시간이 다 되면 마이크를 꺼버리고 진행자가 중단을 요청하는 경우도 있으니 예행연습부터 시간 체크하는 습관을 들이자.

　시간이 촉박해지면, "시간이 없으니까", "준비한 것은 많은데 빨리 끝내라고 하니까", "시간이 다 되어서 마칩니다." 등으로 청중의 마음까지 조급하게 만드는 발표자는, 시간조절 뿐 아니라 내용전달도 실패한 것이다. 시간이 없는 것은 발표자 자신이지 청중은 내용을 듣고 싶어 하기 때문이다. 급하게 끝내더라도 꼭 전달하고자 했던 내용으로 마무리하자.

　끝낼 때는 정확하게 끝내자. "마지막으로"를 남발하는 사람들이 있는데, 진짜 마지막일 때만 "마지막으로" 라는 표현을 사용하도록 한다.

제4장 _ 행동유형에 따른 스피치 특징 

:: 사람들의 행동유형이란?

일반적으로 사람들은 출생에서부터 성장, 현재에 이르기까지의 독특한 동기요인에 의해 일정한 방식을 선택적으로 취하며 행동하게 된다. 그것은 하나의 경향성을 이루게 되어, 자신이 일하고 있거나 생활하고 있는 환경에서 아주 편안한 상태로 자연스럽게 익숙한 행동을 하게 된다. 우리는 그것은 행동패턴(Behavior Pattern) 또는 행동 스타일(Behavior Style)이라고 한다.

행동 스타일을 통해 현실 세계의 인간행동을 손쉽게 설명하고, 예측하고, 도움을 주는 유용한 모델이 바로 DISC 행동모델이다. 행동경향은 우리가 누구인지를 타인에게 보여주는 것이지만, 상황과 내용에 따라 바뀔 수 있다. 가령 우리는 집에서 취하는 행동을 학교에서 취하지 않을 수 있다. 하지만, 특정한 상황에 따라 행동이 변화한다고 할지라도, 무의식적이든 의식적이든 간에 본인이 취하는 행동들은 자신에게서 비롯되기 때문에, 결과적으로는 자신을 증명하는 것이 되는 셈이다.

미국 콜로비아대학 심리학 교수인 마스톤은 인간의 행동유형을,
　　주도형(Dominance),
　　사교형(Influence),
　　안정형(Steadiness),

신중형(Conscientiousness)으로 나누었다.

행동유형을 파악해야 하는 이유는, 이를 통해 자신의 행동경향을 이해하고, 이러한 행동경향이 다른 사람에게 어떻게 영향을 미치는지를 이해하기 위헤서이다. 개인 간의 차이를 이해하고, 존중하며, 그 가치를 파악할 수 있다면, 다른 사람들과의 관계를 향상시킬 수 있을 것이다.

간단하게 자신의 행동유형을 파악하기 위해서는 아래와 같이 나눌 수 있다.

D형 주도형	일 중심적	일 속도가 빠름
I 형 사교형	사람 중심적	일 속도가 빠름
S형 안정형	사람 중심적	속도가 느림
C형 신중형	일 중심적	속도가 느림

:: DISC 행동유형별 특징

① 주도형

주도형은 결과와 목표에 대한 높은 욕구로, 과감성과 대담함, 적극성과 진취적 태도, 결단력 있는 행동이 나타난다. 높은 이상과 목표를 가지고 있고, 권위가 실제적인 가치를 가지고 있는 것으로 받아들여지기를 원한다. 자기 자신이 깨닫지 못하는 사이에 다른 사람들의 감정을 상하게 하고, 목표 달성을 위하여 다른 사람들을 괴롭히거나 무시할 수도 있다.

기본적으로 자기중심적 자기본위로 자기 일만 말하는 이기적인 성향

이 강함으로, 다른 사람이 자기에게 아첨하는 것을 좋아한다. 자기 권위를 초월하고 일이나 사람들이 그들의 기준에 맞지 않을 때는 심하게 비난하고 잘못한 일을 꾸짖기도 하고, 항상 불만족한 것 같고 참지 못하는 것처럼 행동한다. 그렇지만 목표를 달성하기 위해 필요한 일을 세부적으로 할 수 있고, 일들을 반복적으로 하지 않지만 계속적으로 해 나간다.

이처럼 주도형들은 다른 사람들이 자기 자신을 높이 평가해 주기를 바라며, 또 적대적인 상황에서 적극적인 행동을 보여주는 추진력을 가지고 있다.

② 사교형

다른 사람을 설득하거나 그들에게 영향을 미침으로써 스스로 환경을 조성한다. 세력이나 권세를 행하면서 다른 사람들에게 일을 하도록 하고, 사교성이 풍부하여 교제를 좋아하고, 설득력이 있다. 사람들과 접촉하는 것을 좋아하며 호의적인 인상, 말솜씨로 사람들을 즐겁게 하여 동기유발을 시킨다. 그룹 활동을 좋아하며 열정적인 면도 가지고 있으며, 사람과 상황에 대해 낙관적이다. 사실을 표면적으로만 분석하고 파악하기 때문에 성급하게 결론을 지으려 하고 감정적인 자극에 따라 행동하기도 한

다. 사교형들은 우호적인 사교적 분위기를 방해하는 것에 두려움을 느끼기 때문에, 부하직원을 다루는 분야에서는 맞지 않다. 이 유형은 우호적이거나 친절한 상황에서 적극적인 태도를 나타낸다.

③ 안정형

안정형인 사람들은 항상 온화하고 편하게 지내는 스타일이며, 감정을 나타내지 않고 불편한 문제를 쉽게 일으키지 않기 때문에 불평이나 불만을 내색하지 않거나 원한을 감추는 경향이 있다. 과업을 수행하기 위해서 다른 사람과 협력하고, 예측가능하고 일관성 있게 일을 수행한다. 인내와 심사숙고, 신중함이 이들 행동의 특성이라서, 최적의 상태에 작업형태가 결정되면 표면상으로는 끊임없이 참을성을 보이면서 그것에 따르려고 한다.

변화를 원하지 않기 때문에 현상 유지를 원하며, 깊은 가족유대 관계에 강한 면모를 보이기 때문에, 상당 기간 동안 가족과 떨어지게 되면 불안정한 감정을 갖게 된다. 남의 말을 잘 듣고 충성심이 강하기 때문에, 전문적인 기술을 개발하고 다른 사람을 돕는 데 최선을 다한다. 참을성이 뛰어나서 흥분한 사람을 진정시킬 수 있는 장점을 갖추었기

때문에, 대체적으로 안정되고 조화로운 업무 환경을 만드는 데 일조를
한다.

④ 신중형

업무의 품질과 정확성을 높이기 위해 기존의 환경 안에서 신중하게
일한다. 민감하고 올바른 인식을 하려고 하기 때문에 다른 사람들로부
터 쉽게 상처를 받기도 한다. 주의심이 깊고 보수적이므로 그들은 이용
가능한 모든 정보를 다 확인할 때까지 의사결정을 하지 않아, 주위사
람들의 원성을 사기도 한다. 중요한 지시나 기준에 관심을 두고 분석적
으로 사고하고, 찬반, 장단점 등을 고려한다. 안정되고 질서 있는 생활
을 하려고 노력하며, 사업에서뿐만 아니라 개인적인 생활에서도 절차
에 따르기를 좋아한다.

또한 이들은 체계적으로 생각하고 일을 하는 사람들이다. 과거에 실
행해서 성공했던 방법을 고집하며, 정확성을 최우선으로 생각하기 때
문에 세부사항에 신경을 쓰고 업무수행에 대해 비평적으로 분석한다.
이들은 대체적으로 외교적 수완이 좋아서, 갈등을 일으키게 되는 부분
에 있어서는 간접적으로 접근한다. 낯선 일들에 도전하는 것은 신중형

의 사람들에게는 스트레스가 되며, 적대적인 상황에서는 수동적이 되어버린다. 그래서 잘못된 것을 피하기 위해 과거부터 해왔던 표준적인 절차에 따르는 경향이 높다.

DISC 행동유형을 표로 정리하면 다음과 같다.

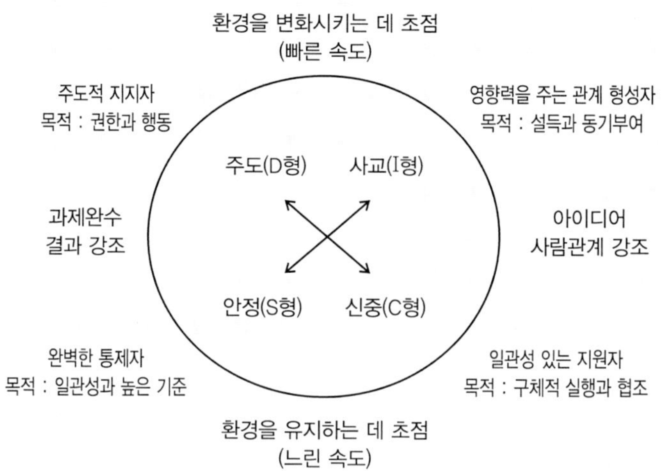

:: DISC 행동유형별 의사소통 스타일

① 주도형

사교적인 덕담을 많이 하고 직접 의사소통 핵심을 말한다.
자신이 동의한 내용만 기억하거나 듣는 경향이 있다.

② 사교형

사교적인 분위기에서 공식적이거나 자유로운 토의를 즐긴다.

부정적인 정보를 듣기 어려워한다.

③ 안정형

토론을 먼저 시작하지 않으며 발표를 시키면 수줍어 한다.
질문할 충분한 시간을 갖고 논리적으로 정보를 제시한다.

④ 신중형

일처리 방식이 자신과 다를 경우 그 정보를 수용하기 어려워한다.
논리적이고 체계적인 방법으로 주제를 취급한다.

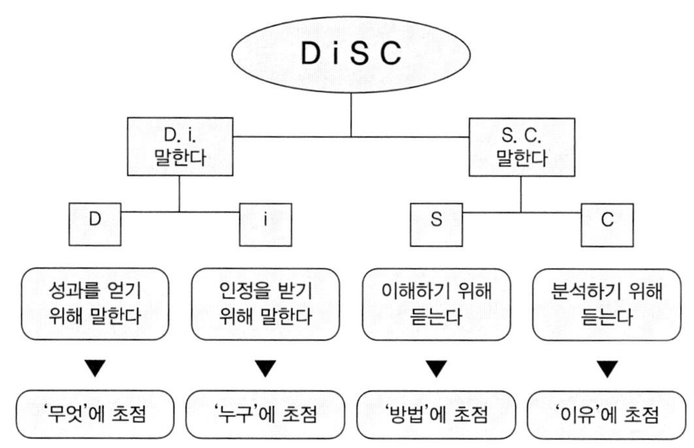

3부

비즈니스 매너

성공적인 취업전략과
직장예절

비즈니스 매너

제1장 _ 비즈니스 매너란?

:: 직장인으로서의 태도

고등학생과 대학생의 가장 큰 차이는 자신이 직접 시간을 활용해야 한다는 것이다. 직접 시간표를 짜고, 동아리로 선택할 수 있어서 자신의 행동에 책임을 지는 연습을 해왔겠지만, 그래도 그동안은 학생의 신분으로 학교라는 울타리에서 보호를 받아왔다. 학교의 목적은 사회에 적합한 인재양성과 인격양성이지만, 회사는 그 조직에서의 업무 능력과 충성심이 우선이다. 그래서 직업인은 학생 때보다 몇 배의 책임감과 적극성을 가지고 임해야 한다.

　① 학교를 다닐 때는 등록금을 내고 다니고, 반대로 회사에서는 일을 하고 월급을 받는다. 등록금을 낸 만큼 수업을 듣고 학교의 편의시설을 이용하는 것이라면, 월급은 받는 것이기에 그 만큼의 대가를 주어야 한다. 돈을 받는 입장과 주는 입장은 천지차이다.

　② 직장인이 되면 공과 사를 구별해야 한다. 가정에서의 일로 직장 내의 분위기까지 어수선하게 한다거나, 회사의 비품들을 자신의 것처럼 무분별하게 사용하고, 사석에서 하는 농담이나 반말을 사무실에서 이어가는 것은 옳지 못한 행동이다. 먼저 입사한 선배를 존경하고 배우는 자세로 모든 일을 한다면 회사생활에 빨리 적응할 수 있을 것이다.

　③ 시간 관리를 철저히 해야 한다. 학교에서 수업에 지각을 하거나 결석을 하면 개인의 책임으로 일단락되지만, 회사의 시간은 업무와 연결되어 여러 사람, 나아가서는 회사에 피해를 입히게 된다. 항상 여유를 가지고 출퇴근 시간, 회의 시간 등에 차질이 없게 해야 한다.

제2장 _ 비즈니스 매너와 이미지 메이킹 

:: 에티켓과 매너

① 에티켓이란?

에티켓(Etiquette)은 프랑스어로, '공공장소에서의 유의사항'이라는 뜻과 명찰이나 꼬리표의 뜻도 있다. 프랑스 루이 14세가 베르사유 궁전을 지었을 때 정원사가 정원 곳곳에 '출입을 금함'이라고 하는 나무 팻말을 세웠는데, 그 이후 사람들 마음속에 세워두어야 할 나무 팻말 같은 것으로 '사회인으로서 지켜야 할 규범'으로 자리 잡게 되었다는 주장이 있다.

또 다른 주장으로는, 베르사유 궁전에 귀족들이 출입할 수 있는 출입증에서 유래된 것으로 귀족신분을 나타내기 위한 일종의 꼬리표란 의미로 사용되었다고 한다.

루이 13세의 루이 14세 초기까지 섭정하는 안 도트리시의 노력으로 궁정 에티켓이 발달하여, 루이 14세 때에 완전히 정비되었다. 이때부터 사람들이 예의에 맞는 행동을 하면 "에티켓대로 행동했다"라고 말하게 되었다. 그러나 루이 16세 때 프랑스 혁명으로 인해 일단 쇠멸하는 듯하였지만, 나폴레옹이 다시 부활시켰다고 한다.

에티켓은 상대의 인격을 존중하고 폐를 끼치지 않으려는 자세이다. 즉 그 사회와 문화가 요구하는 기본적인 예절을 인간 사이에 지키는 것이다. 예전에는 각 사회마다 그 차이가 심했지만, 오늘날에는 각 사회의 전통과 예절을 인정하고 이해해주는 것이 상식이다.

② 매너란?

매너(Manner)는 라틴어 manus(hand)와 arius(more by manual)의 합성어인 manuarius가 어원으로 '사람들의 행동방식'을 의미한다. 매너에서 가장 중요한 원칙과 기준은 상대방에 대한 배려이다. 함께 식사하는 사람과 속도를 맞추어 음식을 먹는다든지, 차를 마실 때 쩝쩝 소리를 내지 않는다든지 등의 일상적인 행동도 포함된다.

영국의 엘리자베스 여왕이 중국의 고위층 관리와 식사 시에 테이블에 놓인 핑거볼의 물을 중국 관리가 마셔 버리자, 엘리자베스 여왕 또한 아무렇지도 않은 듯 핑거볼을 마셨다고 한다. 이는 매너와 에티켓을 구분할 수 있는 유명한 일화인데, 여왕의 행동은 에티켓에는 어긋나는 행동이었으나, 상대방의 마음을 헤아려 주는 최상의 매너였던 것이다.

에티켓과 매너를 이해하기 쉽게 구분을 하자면, 에티켓이 사람들 사이의 합리적인 행동기준을 가리킬 때 사용되는 '의무사항'이라면, 매너는 그 에티켓을 가장 잘 나타내는 '희망사항'이 되는 것이다.

에티켓은 원만한 대인관계를 위해 꼭 필요한 것이며, 매너는 그 에티켓을 얼마나 잘 표현하느냐 하는 것이다. 예를 들어 도서관에서 휴대전화를 진동모드로 바꾸는 것은 에티켓이고, 휴대전화가 울려 밖으로 나가 통화를 하는 것은 매너라고 할 수 있다. 따라서 아무리 에티켓에 맞는 행동이라 해도 매너가 훌륭하지 못하면 그 사람의 행동은 예의를 벗어난 것으로 인식이 된다.

:: 용모복장

　개인적으로 원하고 좋아하는 이미지도 있겠지만, 그 직업에 맞는 이미지를 갖추는 것이 중요하다. 승무원은 승무원의 이미지에 맞게, 회사원은 회사원의 이미지에 맞게 용모와 복장에 신경을 써야 한다. 외적인 부분에 신경을 써서 반듯한 모습을 보이는 것은, 상대에 대한 예의이기 때문이다. 옷차림만으로 사회생활에서 성공할 수는 없지만, 손해를 보는 일은 많다는 것을 기억하자. 회사에 처음 인사를 간다거나 업무상 첫 만남이 시작되는 장소에는 조금은 보수적인 복장으로 간다면, 적대감을 줄일 수 있을 것이다.

　회사마다 유니폼이나 헤어스타일 등 정해진 규칙이 있는 곳은 지침대로 따르고, 그 외에는 청결한 용모와 단정한 복장을 유지하도록 한다. 복장이 완벽하더라도 헤어스타일이 지저분하면, 프로다운 면을 어필할 수 없다. 특히 여성들의 헤어스타일은 유행에 따르기보다는, 회사에서만큼은 업무에 방해되지 않게 묶는 방법으로 단정하게 마무리한다.

　회사에 출근하고 나서는 회사용 슬리퍼를 신는 직장인들이 많다. 자신의 책상에 앉아 있을 때는, 편한 신발을 신어도 괜찮지만 이동할 때나 외부인을 맞이할 때는 꼭 구두를 신고 있어야 한다. 회사 내에서 신는 신발도 다른 사람들이 보기에 민망한 슬리퍼보다는 편한 신발을 신는 것이 발 건강이나 미관상으로 보기가 좋을 것이다.

제3장 _ 비즈니스 매너의 기본

:: 인사란?

인사는 대인관계에 있어서 만남의 시작이며 상대의 인격을 존중하는 경의 표시이다. 인사(人事)는 말 그대로 '사람이 해야 하는 일'로, 즐거운 사회생활과 대인관계를 유지하기 위해서는 정중한 자세로 상대방을 배려하려는 마음 자세가 필요하다.

인사의 순서는 상하관계에 상관없이 먼저 본 사람이 인사를 하는 것이 자연스럽다. 인사를 못 하고 지나가는 가장 큰 이유가 '타이밍을 놓쳐서'라고 하는데, '상대가 나를 모르면 어떻게 하지?', '나를 못 봤겠지?'라는 생각으로 망설이기보다는, 먼저 인사를 해보자.

인사의 중요한 포인트는 눈을 맞추는 것이다. 고개를 숙여 인사하지 못하는 상황일 때, 눈을 마주치기만 해도 인사가 된다. 여기에 밝은 표정과 바른 자세로 반가움을 자연스럽게 전달할 수 있어야 한다.

:: 인사의 종류

인사는 목례, 보통 인사, 정중한 인사로 나누어진다. 목례(15도)는 눈인사에 해당하는 가장 간단한 인사로, 장소가 협소한 엘리베이터나 계단에서나, 자주 마주칠 때 한다. 예를 갖춰야 할 장소나 모임에는 보통 인사(30도)를 하는데, 처음 만나는 사람·선배·상사를 만났을 때 한다. 상대에게 최고의 예의와 마음의 표현인 정중한 인사는 공식석상에서 자신을 소개하거나 깊은 사과를 표현해야 할 때 한다.

인사는 습관화되어야 한다. 아침에 출근해서 하는 밝고 명랑한 인사는 직장의 활력소가 된다. 먼저 퇴근할 때에도 남아있는 동료들에게 인사를 하고 가는 정도의 예의를 지켜야 한다. 출퇴근 인사를 할 때에는 가벼운 목례보다는 인사말을 곁들여 하는 것이 좋다. 아무런 언어표현 없이 고개만 꾸벅이기보다는 밝고 명랑한 미소를 지으며 간단한 인사말을 곁들일 때 상대방에게 더욱 좋은 이미지를 전달할 수 있을 것이다. 퇴근할 때 "수고 하세요."라는 인사는 상사가 부하 직원에게만 사용하는 것이기 때문에 주의하도록 한다. 다른 사람보다 먼저 갈 때는 "먼저 가겠습니다."라고 하면 된다. 엘리베이터나 인사하기 어려운 장소에서는 가벼운 목례로 다른 사람들에게 불편을 주지 않을 정도의 크기로 인사한다. 상사가 먼저 엘리베이터에 타고 있는 경우, 목례를 하고 탄다. 복도에서 상사나 손님을 만났을 때는 한쪽 옆으로 비키며, 가볍게 목례한다. 이때 걸음을 멈출 필요는 없다.

> **Tip!**
>
> 피해야 할 인사는?
> - 상대방의 눈을 마주치지 않고 바닥만 보며 하는 인사
> - 인사를 하면서 아무 말도 하지 않는 인사
> - 고개만 까딱하고 지나가는 성의 없는 인사
> - 90도로 인사하여 상대방을 무안하게 하는 인사

계단에서 누군가를 만났을 때는, 위에서 내려다보며 인사하는 것은 좋지 않으므로 같은 높이가 되었을 때, 인사를 한다.

악수는 전 세계적으로 널리 사용하고 있지만, 우리나라는 아직은 어색한 장면들을 많이 보이는 것 같다. 악수의 기원부터 알아보면, 중세 시대에 서로 손에 무기가 없음을 확인하기 위해서였다는 추정과, 로마에서 신뢰의 상징인 손을 서로 맞잡으며 신뢰한다는 표현을 하면서부터였다는 추정이 있다.

악수는 상대와 눈맞춤을 하고 허리를 굽히지 않고 손을 마주 잡는 행위이다. 꼭 오른손과 오른손으로 악수를 해야 한다. 허리를 굽혀 인사를 하는 것에 익숙한 우리나라 사람들은, 악수를 할 때도 허리를 굽혀 악수를 하는 모습을 볼 수 있는데 자신감이 부족하게 느껴질 수도 있다. 특히 외국인과 악수를 할 때는 허리를 곧게 세우고 오른손으로 악수하도록 하자.

악수는 무엇보다 청하는 순서가 중요한데, 여성이 남성에게, 윗사람이 아랫사람에게, 선배가 후배에게, 기혼자가 미혼자에게, 상급자가 하급자에게 청한다.

손을 잡을 때, 적당한 힘으로 2~3번 정도 손을 흔든다. 흔들 때도 상급자가 먼저 흔들어야 하고, 하급자가 먼저 흔드는 것은 실례가 된다.

:: 명함 매너

① 명함의 기원

명함은 프랑스 루이 14세 시대 때, 한 귀부인이 자신의 이름을 트럼프 카드에 써서 왕에게 올리면서 사용되었다고 전해져오며 루이 15세 때 현재와 같은 인쇄명함을 사용했다고 한다. 중국에서는 옛날부터 지인의 집을 방문했을 때, 상대가 부재중이면 이름을 적어놓고 오는 것에서 유래가 되었다고 한다.

우리나라에서의 명함은 회사명, 이름, 주소, 전화번호를 쓴 것이 대부분이지만, 서양에서는 사교용 명함과 업무용 명함을 구분해서 사용한다. 사교용 명함에는 이름, 전화번호 등의 간단한 정보만 필기체로 기입되어 있어 직책을 떠나 많은 사람들과 교제하는 서양에서는 활발하게 사용되고 있다. 반면, 업무용 명함은 직장과 직위까지 포함되어서 있어 사업상 비즈니스에서 많이 사용된다.

② 명함매너

명함을 줄 때는 일어나서 오른손으로 주면서 자기 소속을 분명하게 밝힌다. 회사의 로고와 이름을 가리지 않고, 상대방이 바로 볼 수 있는 방향으로 건넨다. 받을 때도 일어서서 두 손으로 받아 명함 속의 내용과 직위를 확인한다. 바로 명함을 집어넣기 보다는 이야기를 나누다가 상대가 자리를 이동하거나 화제가 바뀌면 명함 케이스에 넣는다. 동시에 명함을 꺼냈을 경우, 자신의 명함은 명함 케이스 아래에 넣어두고 상대의 명함을 받고 나서 건넨다. 모르는 한자일 경우, 물어 보아도 가능하다.

③ 명함매너의 주의사항

명함을 주고받을 때, 교환자체가 목적이 되어서는 안 된다. 집에 돌아와서 명함을 정리하면서 인상착의나 만난 날짜 등을 기입하는 것은 괜찮으나, 상대방 바로 앞에서 적는 것은 피해야 한다. 접혀 있거나 낡은 명함은 비즈니스를 못하는 사람으로 보일 수 있다. 명함은 자신의 얼굴과도 같다. 명함 케이스를 준비하여 항상 깨끗한 명함을 건넬 수 있도록 준비하자.

:: 비즈니스 현장에서의 언어예절

직장에서는 상대를 부를 때 이름과 직함, 관계에 따른 역할로 부른다. 평소에 친하다고 언니, 오빠라고 부르고, 말을 놓는 관계라 할지라도 업무를 할 때는 서로 높여야 한다. 회사는 학교가 아니라 사회생활이고, 서로는 존중하는 태도가 필요하기 때문이다. 실제 회사에서도 이런 경우가 빈번하다.

> 사장님 - "김 비서가 서류 주지 않았나?"
> 사　 원 - "네, 미경언니가 서류 이야기는 했는데, 어디 있는지는 모르겠는데요. 언니한테 전화해볼게요."

어떤 느낌이 드나? 꼭 회사는 사장님, 김 비서, 사원까지 총 3명이라는 느낌이 들지는 않나? 평소에 친한 관계라 할지라도 회사 내에서 호칭은 대등한 위치에 있는 경우는 이름 뒤에 "씨" 자나 직급을 붙여 불러야 한다. 상급자를 부를 때는, 직급을 붙여 호칭하되, 별도 요청이 있으면 그에 따라 호칭을 불러야 한다.

대화를 할 때 상대에 맞는 호칭과 경어 사용은 대화를 지속하게 하고 서로를 더욱 친밀하고 신뢰할 수 있게 한다. 자기에 대한 호칭은 ① 웃어른이나 여러 사람 앞에서는 '저', '제'를, ② 동갑이나 아랫사람에게는 '나', ③ 자기 쪽을 남에게 말할 때는 '우리', '저희'를 쓰지만, 나라의 호칭은 꼭 '우리나라'라고 써야 한다. 기본적으로 지켜야 할 경어를 아래에 몇 가지만 정리해보았다.

- 말 - 말씀
- 병 - 질병
- 나이 - 연세
- 같이 온 사람 - 동행 하신 분, 함께 오신 분
- 무슨 용건인데요? - 무엇을 도와드릴까요?
- 이쪽에서 갈게요 - 저희 쪽에서 찾아뵙도록 하겠습니다.

:: 전화응대 시 기본예절

화상통화가 보편화되고 있지만, 회사에서의 전화통화는 상대방의 얼굴을 직업 보지 못하고 대화를 해야 한다. 전화통화는 항상 쉽게 할 수 있다고 생각하다가, 업무와 관련된 응대를 해야 할 때는 쉽지 않다는 것을 느끼게 될 것이다. 목소리와 태도로 감정이 전달되기 때문에, 나의 모습이 그대로 보인다고 생각하고 응대를 해야 한다. 개인의 이미지를 넘어, 회사의 이미지를 대표한다는 생각으로 전화응대 시에도 매너를 지켜보자. 전화응대에서는 '친절, 신속, 정확'을 항상 염두에 두어야 한다.

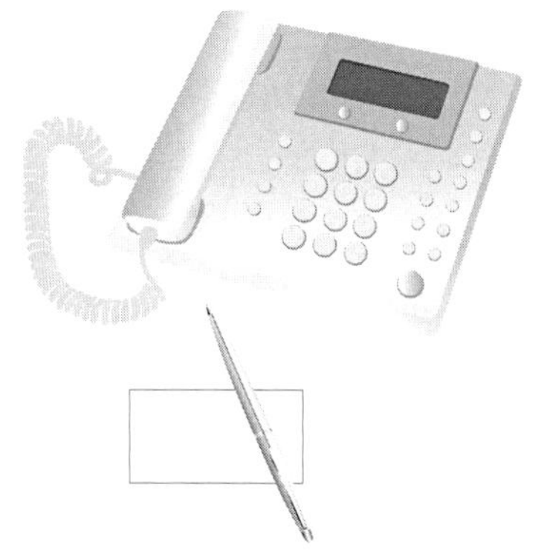

친절하게 대하여야 한다. 실제 만날 때와 마찬가지로 미소를 짓고 예의 바르게 응대한다. "여보세요." 보다는 '인사, 회사, 소속부서, 이름'을 말한다. 예를 들면 "안녕하십니까? 교양대학교 총무과 성진환입니다."라고 상냥하게 전화를 받으면 된다. 마지못해 대답하는 투나 무표정한 음성은 상대에게 불쾌감을 줄 수 있다. 상대의 말에 호응하고 공감하며 응대를 하고, 용건이 끝났을 경우 통화 내용을 요약해서 복창한다. 끝인사를 하고 끊을 때, 상대방이 전화를 먼저 끊은 후 내려놓는다.

신속하게 받는 것이 좋다. 전화벨이 1번도 채 울리기 전에 받으면 상대방이 당황할 수 있기 때문에, 벨이 2번 울린 뒤에 받아야 한다. 또한, 상대방이 전화를 할 때는 무료가 아니다. 시간을 아껴야 한다는 생각으로 신속하게 업무를 처리해야 한다.

정확한 발음과 표현으로 의사전달을 한다. 업무를 오래 하다보면 전문용어가 더 익숙해지는데, 상대방은 모를 수 있다는 생각으로 되도록 쉬운 표현을 사용한다. 요조체 보다는 다까체로 말하면 업무의 효율을 높이고 정중함을 더 할 수 있다.

① 전화를 걸 때

전화를 걸기 전, 육하원칙으로 용건을 정리해서 메모를 해둔다. 상대방의 T.P.O.(Time, Place, Occasion)를 생각하고 전화를 건다. 상대방이 전화를 받으면 밝은 인사와 함께 자신을 밝히고, 상대방을 확인한다. 용건이 다 정리가 되면, 인사를 하고 조용히 끊는다. 되도록 상대방보다 먼저 끊지 않으며 고객이나 윗사람일 경우는 상대방이 끊고 난 뒤에 끊는다.

② 전화를 받을 때

전화벨이 3번 이상 울리기 전에 받아야 하며, 일을 하다 늦게 받은 경우에는 꼭 "늦게 받아 죄송합니다."라고 해야 한다. 밝은 음성으로 인사, 회사, 소속부서, 이름을 말한다. 상대방을 확인하

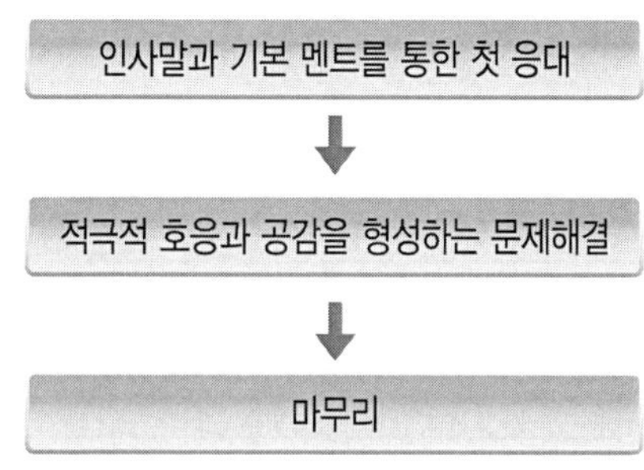

고 메모를 준비하여 용건을 묻는다. 용건이 끝나면 다시 정리하여 확인해야 하는데, 숫자나 날짜는 정확하게 체크해야 한다. 끝인사를 하고, 상대방이 전화를 끊은 것을 확인하고 수화기를 내려 놓는다.

③ 부재 시 전화예절

찾는 사람이 자리에 없을 경우, "죄송하지만, 누구시라고 전해드릴까요?"라고 묻는다.

전화를 받은 일시, 찾는 사람의 이름, 상대의 이름 및 회사, 용건, 회신의 필요성 여부, 전화를 받은 사람의 이름은 꼭 메모한다. 상대가 연락을 받기를 원하는 경우, 알고 있다고 하더라도 전화번호를 다시 확인해야 연락할 때 시간을 절약할 수 있다.

이렇게 메모를 하는 것도 중요하지만, 메모를 전달하는 것도 중요하다. 전화메모는 책상 위에 올려놓아야 하며, 전화메모를 보았는지의 여부도 확인해야 한다.

Tip!

회사전화가 내 전화?

휴대전화 요금을 아끼고 자리에서 편하게 받을 수 있다는 장점으로 회사전화로 사적인 통화를 하는 직장인들이 있다. 상사가 볼 때, 업무에 집중하지 않는다고 여길 수 있다. 사적인 전화는 점심시간이나 휴식시간에 사무실 밖으로 나가 휴대전화로 하는 것이 보기에 좋다. 열심히 일하는 태도와 모습 역시 회사에서 원하는 능력이다.

:: 휴대전화 기본예절

휴대전화 보급률이 높아지면서 매너 없는 행동도 흔하게 볼 수 있다. 회의실, 도서관, 지하철에서 시끄럽게 휴대전화가 울리고 큰 목소리로

수다를 늘어놓는 모습은 본 적이 있을 것이다. 현대 기술의 장점은 최대
한으로 활용하되 일상생활에 피해를 주어서는 안 될 것이다.

① 휴대전화도 시간과 상황을 고려해서 걸어야 한다. 갑자기 궁금한
   게 생각이 났다고 해도, 친밀한 관계가 아니라면 이른 아침이나 밤
   10시가 넘으면 개인적인 시간이므로 자제한다. 상대방이 어떠한
   상태인지 모르기 때문에 통화가능 여부를 물어야 한다.
② 사람들이 많은 장소나 엘리베이터 안에서는 통화를 자제한다. 다
   른 사람의 험담, 회사 분위기 등의 문제가 그 공간에 있는 사람이
   듣고 싶은 내용이 아닐 수 있다.
③ 보통 대화할 때보다 휴대전화로 통화할 때, 목소리가 더 커진다.
   전화통화에 집중하다 보면 목소리는 점점 커지는데, 주위의 분위
   기를 파악하여 짧게 마무리하고 혼자 있을 때 통화한다.

:: 이메일 매너

전화나 팩스보다 더 간편하게 업무를 처리할 수 있다는 장점이 있지만, 의도하지 않게 상대방에게 실수하게 되는 일이 많다. 인사말이나 안부도 없이 무작정 본론만 전해서 상대방의 기분을 상하게 하거나, 보내는 사람과 받는 사람의 이름이 나와 있지 않아 혼란을 줄 수도 있다. 얼굴을 직접 보고 이야기하는 것과 마찬가지로 예의를 지켜야 한다. 직접 대면보다는 전화통화에서, 그보다 이메일에서 오해가 더 잘 일어난다는 것을 알아야 한다. 특히, '손 안의 PC'로 불리는 스마트폰이 급속도로 확산되면서 장소에 구애받지 않고 이메일을 주고받을 수 있는 만큼, 매너까지 함께 첨부하자.

먼저 이메일을 직접 받는 사람과 참조 용도로 받는 사람 등에 따라 수신자 지정을 명확히 해야 한다. 또한, 이메일 작성 목적과 업무의 우선순위 등을 한 눈에 파악하기 위해 [결재요청], [회의안] 등의 머리글을 사용한다. 내용은 결론부터 먼저 언급하고, 중요한 부분은 강조를 한다. 또, 발신자의 연락처를 남겨서 시간을 절약하게 한다.

전화통화로 쉽게 결론이 날 업무는 이메일보다 전화를 이용해 해결한다. 메일을 작성한 후 다시 한 번 읽어보고 틀린 부분은 없는지 확인한다. 메일을 보낸 사람은 빨리 확답을

받고 싶어 하기 때문에 하루에 2~3번은 이메일함을 읽는다.

:: 자리 매너

① 자동차에 동승할 때 에티켓

- 차 뒷문을 열고 상사를 먼저 승차시킨다.
- 상사가 여럿일 때는 상급자부터 승차시킨다.
- 운전기사가 있는 승용차의 좌석순서는 운전자 기준 뒷좌석의 오른쪽이 1석, 왼쪽이 2석, 운전석 옆이 3석이며 뒷좌석 중간이 가장 말석이다.
- 자가운전자의 승용차인 경우에는 자진해서 운전석 옆자리에 앉는 것이 통례이며 그곳이 상석이 된다. 운전자 기준 뒷좌석의 오른편이 2석, 왼쪽이 3석, 중간이 가장 말석이다. 자가운전의 차를 탈 때 앞좌석을 비워두는 것은 실례이다. 운전자의 부인이 함께 있을 경우, 최상석을 양보하고 뒷좌석 중간에 여성을 앉히는 것은 실례이다.

[운전사가 있을 경우]

[자가 운전일 경우]

② 엘리베이터를 탈 때의 상석

고객이나 상사와 함께 엘리베이터를 타고 내릴 때, 자신이 버튼을 눌러야 한다. 탈 때는 밖에서 '열림'버튼을 누르고 상사가 먼저 타게 하고, 내릴 때는 상사가 먼저 내리도록 하고 다 내릴 때까지 '열림' 버튼을 눌리고 있어야 한다. 엘리베이터 안에서는 출입구, 버튼과 멀리 있어야 상석이다.

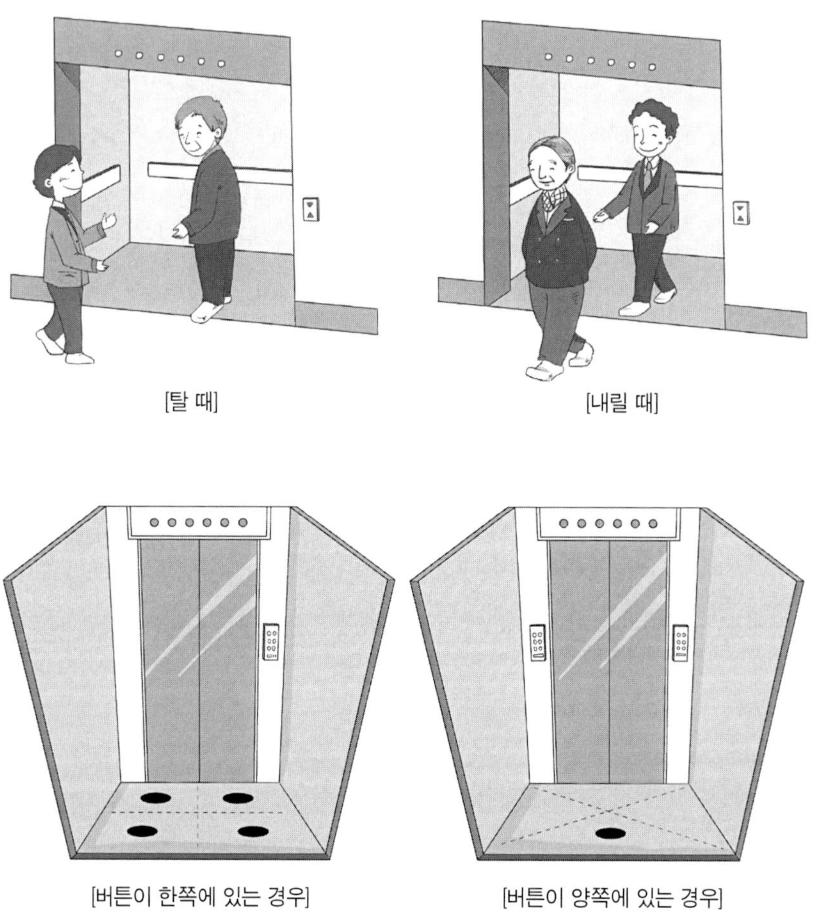

[탈 때]

[내릴 때]

[버튼이 한쪽에 있는 경우]

[버튼이 양쪽에 있는 경우]

③ 문에서의 안내

고객이나 상사가 문고리를 잡지 않게 하는 것이 원칙이다. 당기는 문
은, 먼저 문을 열고 상사가 들어가도록 한다. "들어가세요."라는 말은
하는 것도 좋다. 밀어서 여는 문은, 먼저 문을 열고 들어가서 안내하
도록 한다.

[당기는 문]

[여는 문]

④ 기차, 비행기에서의 상석

기차에서는 시야가 확보되는 창가와, 진행방향으로 상석이 결정된다. 마주보는 좌석일 경우, 창가 진행방향이 1석, 창가 역방향이 2석, 진행 진행방향이 3석, 역방향 통로석이 4석이 된다. 하지만 국내에서는 역방향을 기피하는 분위기이기 때문에 2석과 3석은 변경가능하다. 비행기에서도 창가가 1석, 통로석이 2석이 된다. 좌석이 3개일 경우, 창가가 1석, 통로석이 2석, 중간 위치가 3석이 된다.

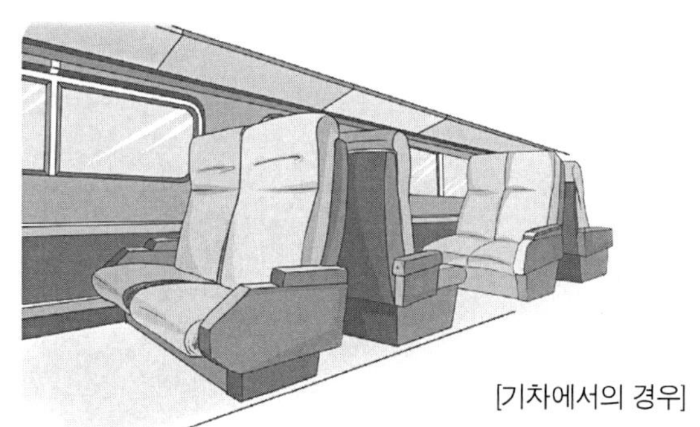

[기차에서의 경우]

[비행기의 경우]

:: 근무 매너

　일을 시작하고 끝내는 출퇴근 시 매너와 근무시간의 태도도 업무능력에 포함된다. 평소 학생시절 가지고 있던 습관이나 나쁜 태도는 고치고 회사생활에 적합한 규칙들을 습득해야 한다.

① 출근 시간

　출근 전에는 교통체증을 감안해서 여유 시간을 가지고 서둘러야 하고, 예기치 않은 상황으로 지각을 하게 될 경우에는 회사에 미리 연락을 해서 업무에 지장이 없게 해야 한다. 항상 깨끗하고 단정한 복장을 유지하고, 작업복이나 유니폼이 있는 경우에는 미리 바꿔 입어서, 출근 시간에는 바로 일을 시작할 수 있게 한다. "안녕하십니까?"라는 인사로 모든 직원들과 인사를 나눈다.

② 근무 시간

　근무 시간 중에 업무 이외의 인터넷 사용, 채팅, 독서, 사적인 통화는 자제해야 하며, 휴대전화는 진동모드로 설정하고, 자기 책상을 벗어날 때는 슬리퍼 착용을 자제해야 한다. 대화 시, 큰 소리로 말하거나 깔깔거리며 웃는 것은 업무에 방해가 되니 휴식시간을 이

용한다. 대신 화장실이나 휴게실에서 너무 긴 대화나 다른 사람의 험담을 하지 않는다. 외출할 때는 반드시 행선지를 상사나 동료에게 알려야 하며, 되도록 사적인 외출을 하지 않는다.

③ 퇴근 시간

퇴근 시간 전에, 화장을 고치거나 사적인 통화를 하는 행위를 자제해야 한다. 상사가 퇴근하고 나서 퇴근하는 것이 좋지만, 먼저 퇴근해야 할 경우에는 확실하게 퇴근인사를 한다. 컴퓨터 전원을 끄고 다음 날 스케줄을 확인하고 책상을 깨끗이 하고 퇴근을 해야 한다. 외근 나갔다가 바로 퇴근을 해야 하는 경우에는, 퇴근 시간 전에 전화로 상사에게 허락을 받아야 한다.

:: 회식 매너

회식에서 술자리는 팀워크와 즐거운 분위기를 위해서 필요한 부분이다. 하지만, 회식자리에서 불쾌한 일은 술로 인한 문제가 대부분이기 때문에 신경 써야 할 부분이 많다. 술자리에서도 서로의 주량에 맞게 술을 주고받고 주량이 넘으면 정중하게 거절하는 센스를 발휘해야하지, 그렇지 않으면 회식자리뿐만 아니라 회사분위기까지 망치게 된다.

우리나라에서는 여러 사람이 함께 술을 마실 때, 윗사람부터 순서대로 따르도록 하고 두 손으로 따르는 것이 주도에 맞는 행동이다. 윗사람과 술을 마실 때, 왼손으로 술병을 쥐면 버릇없다는 인상을 줄 수 있으니, 오른손으로 술병을 쥐고 왼손으로 받쳐 드는 것이 올바르다. 윗사람에게 술을 받을 때도 두 손으로 받고, 마실 때는 고개를 반대 방향으로 살짝 돌려 마신다. 술을 전혀 하지 못할 경우에도 술잔을 아예 받

지 않는 것보다 받은 술잔은 입만 살짝 대고 꼭 마시지 않는 것이 낫다.

우리나라는 아직 술잔 돌리기가 일반적인데, 외국인의 눈에는 비위생적으로 보일 수 있다는 것을 알아야 한다. 그리고 큰 잔에 폭탄주를 돌리거나, 재차 강요하는 음주문화는 지양해야 한다.

:: 결혼식 매너

예식시간에 맞추어가는 것보다 30분 정도 일찍 도착해야 한다. 신랑신부의 부모님과 인사를 하고 신부대기실을 들러 신부에게 축하의 말을 전한다. 결혼식을 마치고 기념사진 촬영은 보통 10장 정도를 찍게 되는데 친구들과의 촬영은 마지막에서 2번째 정도이다. 이 사이에 식사를 하러 간다거나 집에 가지 말고 촬영에 임해야 한다. 신랑신부가 사회생활을 얼마나 잘 했느냐가 이 사진에 고스란히 담기기 때문이다.

복장은 문상용 색상인 검정색 의상보다는 화사한 색을 입고, 신부의

드레스와 같은 흰색 의상은 신부를 위해 입지 않도록 한다. 축의금은 미리 준비해서 가져가면 좋은데, 봉투 앞면에는 '축 결혼', 등을 쓰고, 뒷면에는 이름과 소속을 쓰면 된다. 결혼식에 내는 '축의금', '부조금'이라고 하는데, '부조금'의 '부조'는 잔칫집이나 상가에 도움을 주기 위해 보내는 돈이나 물품을 이르는 말이다. '부조'는 결혼식, 장례식장 모든 경우에 사용할 수 있는 표현이다. 흔히 사용하고 있는 '부주'는 부조의 잘못된 표현임을 기억하자.

:: 조문 매너

　조문은 상가에 가서 죽은 이에게 예를 올리고 유족을 위로하는 것을 말하는데, 슬픈 일을 당했을 때 찾아가서 위로하는 것은 대인관계에서 기본이다. 기쁜 일보다 슬픈 일이 있을 때 더 마음을 써주어야 한다. 조사는 경사와 다르게 갑작스러운 경우가 많기 때문에, 상을 당했다는 연락이 오면 가급적 빨리 방문하는 것이 도리이다. 직장생활을 잘 하기 위해서는 사무실에 검정색 넥타이와 검정 재킷은 항상 준비해두고, 조문이 있을 때 바로 갈 수 있도록 하자.

　고인과 유족의 종교에 따라 방법이 다르기는 하지만, 보통 분향을 하고 고인에게 명복을 빈다. 향에 불을 붙여 끈 후에 향로에 꽂는데, 불꽃은 입으로 불지 않고 왼손으로 흔들어서 끄도록 한다. 분향 후에는 고인의 명복을 빌기 위해 두 번 절을 하거나 헌화를 한다. 절을 할 때는 남자는 오른손을, 여자는 왼손을 위로 올려 손을 모아 절을 한다. 평소 인사할 때와 반대라는 것을 기억하자. 헌화를 하는 경우, 헌화할 꽃을 받아 영전 앞으로 가 두 손으로 영전에 천천히 놓은 다음 물러서서 묵념이나 기도를 한다. 그 후 상주에게 맞절 또는 답배를 하는 순서로 이루어진다. 조문이 끝나면 바로 뒤돌지 않고 두세 걸음 뒤로 물러난 뒤, 몸을 돌려 나온다.

최대한 빨리 찾아가는 게 좋고, 화려한 의상보다는 어두운 빛의 정장을 입어야 하며 검정색이 무난하다. 혹시 예를 갖추지 못한 차림이라면, "오늘 소식 듣고 급하게 오느라 옷을 갖춰 입지 못했습니다. 죄송합니다." 라고 유족들에게 말해야 한다.

고인이 장수했다고 해서 유족에게 "호상입니다."라는 말도 해서도 안 된다. 그 어떠한 죽음도 호상일 수는 없다. 조의금은 문상을 마치고 나와 부의함에 넣으면 되는데, 흰 봉투에 본인 소속과 이름을 정확히 적어서 내도록 한다. 예전에는 '단자'라고 해서 이름과 조의금을 적은 종이로 다시 한 번 돈을 감싸서 봉투에 넣는 것이 예의였지만, 최근에는 봉투 앞면에는 '부의', '조의', '근조' 등을 쓰고, 뒷면에는 이름과 소속을 쓰는 추세이다.

:: 문병매너

문병시간은 병원에서 정한 시간을 미리 알아보고 방문하고, 환자의

식사시간이나 회진시간은 피하도록 한다. 병문안 자체가 부담을 줄 수
도 있기 때문에 직접 가기 전에 상태가 어느 정도인지 알아보고 가야
한다. 중병일 경우에는, 가족들만 만나 쾌유를 빌어준다. 먼저 전화로
정확한 면회시간을 정해 방문해야 한다. 환자가 자택에 있을 경우에는
꽃을 가져가도 되지만 병원에는 꽃을 피하는 것이 매너이다. 흰 국화
는 문상용 꽃이기 때문에 피해야 하고, 화사한 꽃으로 환자의 기분을
밝게 해주어야 한다.

〈참고문헌〉

박한표(2005), 글로벌문화와 매너, 한올출판사.
윤치영(2002), 당신도 화술의 달인이 될 수 있다, 책이 있는 마을.
이시영(2004), 성공적인 대화를 이끄는 고품격 스피치, 태학사.
조영대(2010), 글로벌 에티켓과 매너, 백산출판사.
Matthew McKay /Marta Davis / Patrick Fanning(1999), 임철일, 최정임
　　옮김, 효과적인 의사소통을 위한 기술, 커뮤니케이션 북스.

■ 저자 약력

○ 학력사항
서울시립대학교 국어국문학과 졸업
경희대학교 언론정보대학원 방송학 졸업
서울시립대학교 국어국문학과 박사과정 수료

○ 방송경력(1999~2006)
춘천MBC MC
UBC 울산방송(SBS 울산 네트워크 방송사) MC, DJ
KNN 부산경남 대표방송(SBS 부산/경남권 네트워크 방송사) 리포터, 성우

○ 강의경력(2006~현재까지)

대학 강의
서울시립대 〈직장생활과 경력개발〉,
남서울대 〈대학생활과 리더십〉,
방송통신대 〈글쓰기〉 출강 중.

대학특강
울산대, 영산대, 경성대, 인제대, 부산외대 등 취업 및 스피치 특강

주요기관
서울시교육연수원, 부산시인재개발원, 부산시상수도본부, 국제이미지메이
킹센터, 한국산업기술미디어문화재단 등

성공적인 취업전략과 직장예절

초판 인쇄/ 2012년 2월 17일
초판 발행/ 2012년 2월 27일

저   자   김보경
책임편집   김민경

발 행 처   도서출판 지식과 교양
등   록   제2010-19호
주   소   서울시 도봉구 창5동 262-3번지
전   화   02-900-4520 / 02-900-4521
팩   스   02-900-1541
전자우편   kncbook@hanmail.net

ISBN 978-89-94955-67-4 13300   정가 10,000원

이 도서의 국립중앙도서관 출판도서목록(CIP)은 e-CIP홈페이지(http://www.nl.go.kr/ecip)에서
이용하실 수 있습니다. (CIP제어번호: CIP2012000817)